國家出版基金項目

教育部哲學社會科學研究重大課題攻關項目

「十一五」「十二五」「十三五」國家重點圖書出版規劃項目・重大工程出版規劃

「十四五」國家重點出版物出版专項規劃項目・古籍出版規劃

國家社會科學基金重大項目

北京大學「九八五工程」重點項目

儒藏

精華編卷首

儒藏

精華編

北京大學《儒藏》編纂與研究中心

《儒藏》精華編卷首

首席總編纂　季羨林

項目首席專家　湯一介

總　編　纂　湯一介　龐　樸　孫欽善　安平秋（按年齡排序）

《儒藏》精華編卷首

北京大學《儒藏》編纂與研究中心 編

目録

前言（王博）……一

《儒藏》總序（湯一介）……九

《儒藏》工程立項文件……一三

教育部關於批准下達 2003 年度教育部哲學社會科學研究重大課題攻關項目的通知……一五

教育部哲學社會科學研究重大課題攻關項目研究計劃合同書（節選）……一六

教育部關於進一步做好《〈儒藏〉編纂與研究》項目工作的通知……一七

全國哲學社會科學規劃辦公室 2004 年度國家社會科學基金重大項目立項通知（節選）……一八

新聞出版總署關於實施「十一五」期間（2006 年—2010 年）國家重點圖書出版規劃的通知（節選）……一九

新聞出版總署關於實施「十二五」時期（2011—2015 年）國家重點圖書、音像、電子出版物出版規劃的通知（節選）……二一

國家新聞出版署「十三五」國家重點圖書、音像、電子出版物出版規劃（節選）……二四

國家新聞出版署出版業「十四五」時期發展規劃（節選）……二六

國家出版基金規劃管理辦公室關於 2016 年度國家出版基金項目立項的通知……二八

國家出版基金規劃管理辦公室關於 2017 年度國家出版基金項目立項的通知……二九

國家出版基金規劃管理辦公室關於 2020 年度國家出版基金資助項目立項的通知……三〇

《儒藏》精華編組織體系 …… 三一
《儒藏》精華編編纂委員會 …… 三三
《儒藏》精華編編纂與研究項目合作單位名單 …… 三八
《儒藏》精華編部類主編名單 …… 四二
《儒藏》精華編韓、日、越三國承擔校點任務高校名單 …… 四六
《儒藏》精華編合作圖書館名單 …… 五〇
北京大學組織實施責任體系 …… 五二
《儒藏》精華編編纂與研究指導委員會 …… 五二
《儒藏》精華編編纂工作小組 …… 五三
《儒藏》精華編編纂學術委員會 …… 五四
北京大學《儒藏》編纂與研究中心 …… 五五
北京大學出版社《儒藏》精華編出版工作小組 …… 五七
《儒藏》精華編編纂規範及工作模式 …… 五九
《儒藏》精華編凡例 …… 六一
《儒藏》精華編編纂條例及補充説明 …… 六三
《儒藏》精華編出版體例 …… 七六
《儒藏》精華編審稿制度及工作流程 …… 七八
《儒藏》精華編部類主編審稿細則 …… 八二
《儒藏》精華編校點稿初審細則 …… 八四
《儒藏》精華編校點稿通審、復審細則 …… 八五
《儒藏》精華編責任編委職責 …… 八六
《儒藏》精華編總目 …… 八九
《儒藏》精華編總書目 …… 九一
《儒藏》精華編韓國之部選目 …… 一五三
《儒藏》精華編日本之部選目 …… 一六四
《儒藏》精華編越南之部選目 …… 一七三
《儒藏》精華編索引 …… 一七五
編製説明 …… 一七七
《儒藏》精華編書名索引 …… 一七八
《儒藏》精華編著者索引 …… 二一九

前言

王博

經過近二十年的努力，《儒藏》「精華編」中國部分510種（傳世文獻458種，出土文獻52種）、282冊全部整理完成，已由北京大學出版社出版，總字數近2億。韓國之部、日本之部、越南之部共150餘種約60冊正在推進中。這標志着《儒藏》「精華編」主體部分順利完成，《儒藏》工程整體上轉入一個新的階段。

上世紀九十年代，北京大學哲學系資深教授湯一介先生在張岱年、季羨林、饒宗頤等學界前輩的大力支持下，提出了編纂《儒藏》的設想，希望在現代技術和學術標準之下，系統整理歷代儒家典籍，使之成爲一個獨立的文獻體系。這個設想得到了北京大學校方的支持，2003年成立《儒藏》編纂籌備委員會和領導工作小組，邀請國內外專家學者啓動《儒藏》工程的論證。2003年12月，教育部批准「《儒藏》編纂與研究」作爲哲學社會科學研究重大課題攻關項目立項，湯一介先生爲首席專家，季羨林先生任首席總編纂，湯一介、龐樸、孫欽善、安平秋四位先生任總編纂。2004年6月，全國哲學社會科學規劃辦公室將「《儒藏》精華本」列爲國家社會科學基金2004年度重大項目。同月，「北京大學《儒藏》編纂與研究中心」成立，負責組織實施《儒藏》的整理編纂工作，湯一介先生任中心主任。2014年9月湯先生去世之後，學校安排我來主持《儒藏》項目，李中華先生、魏常海先生實際承擔起執行總編纂的工作，和楊韶蓉、沙志利及中心全體同仁一起，依靠總編纂、部類主編和專家學者的共同努力，確保了《儒藏》編纂工作的順利進行。

北京大學歷任領導高度重視《儒藏》工作，並將其定位爲北京大學人文社會科學基礎性工程。時任校長許智宏、周其鳳親自擔任指導委員會主任，吴志攀、張國有擔任副主任及工作小組組長，閔維方、朱善璐、王恩哥、林建華、郝平、龔旗煌等主要領導以及主管人文社科的劉偉常務副校長都非常重視和支持《儒藏》編纂與研究工作。社科部作爲業務管理部門，吴同瑞、程郁綴、李强、耿琴、蕭群、王周誼等歷任負責人更是給予了直接的指導和幫助，吴同瑞先生還直接參與到《儒藏》中心的工作中來。需要特別提到的是北大圖書館，作爲古籍收藏的重鎮，爲《儒藏》編纂無償提供各種支持。還有北京大學出版社，在王明舟社長的領導下，成立了「典籍與文化事業部」，馬辛民任主任，專門負責《儒藏》出版工作。

作爲教育部有史以來支持力度最大的人文社科領域學術文化工程，《儒藏》在國内有 25 家高校和研究機構等合作單位，主編和項目負責人 48 位，近 50 所高校和研究機構的近 400 名學者承擔校點任務。爲了更好地統籌和組織，教育部和社科司歷任領導一直高度重視工程進展，不斷調研協調解決工作過程中遇到的挑戰和問題，分別於 2007 年 1 月和 2009 年 3 月下發《關於進一步做好〈儒藏編纂與研究〉項目工作的通知》和《關於轉發〈教育部哲學社會科學研究重大課題攻關項目儒藏工程工作會議紀要〉的通知》兩個文件。2010 年，教育部爲《儒藏》工程設立了 24 個委託重點項目，147 個委託一般項目。2011 年 5 月又召開專門會議，印發《通知》。這些措施有力地統籌了各參與單位的工作，調動了學者的積極性，爲《儒藏》「精華編」的推進發揮了重要作用。

《儒藏》工程也得到了中宣部、文化部以及諸多圖書館和博物館等的大力支持。除了 2004 年國家社科基金重大項目立項之外，2016 年、2017 年、2020 年，國家出版基金三次立項資助《儒藏》「精華編」出版工作。北京大學圖書館之外，我們特別感謝國家圖書館以及上海、南京、天津、福建、浙江、湖南省圖書館，清華大學、中國人民大學、北京師範大學、復旦大學、華東師範大學、中山大學圖書館，湖南省博物館、中國科學院文獻情報中心等的協助。

《儒藏》也是中國人文學界大規模的國際學術合作和文化交流項目。歷史上，儒家思想輻射到日本、韓國、越南等地，産生了深刻的影響，形成了獨具特色的儒家典籍解釋傳統。「精華編」韓國之部由梁承武先生主編，參加人員來自 29 所高校和研究機構。日本之部由户川芳郎先生主編，14 所高校的學者參與其中。越南之部由阮金山先生主編，由河内國家大學等單位的學者承擔。《儒藏》的編纂把各國學者聯繫在一起，形成一個國際學術共同體，促進了國際學術和文化交流。

《儒藏》的編纂，正值新世紀開啓之時。改革開放持續深化，與世界的聯繫日趨緊密，經濟發展和社會進步對於文化建設提出新的要求。湯一介先生在建國六十周年的時候曾經講道：「我們建國已經六十年了，回顧這六十年的過程中間，應該有一些大的文化工程來説明這個時代是在不斷地爲中國文化做出貢獻。」文化建設的一個重要面向是在中國走向現代化的進程中如何看待本國的歷史文化傳統，以及如何理解中國文化和世界文化的關係。湯先生有非常自覺的現代意識和歷史意識、中國意識和世界意識，他認爲，我們國家要進步，文化要發展，必須從歷史文化中汲取智慧和營養。編纂《儒藏》，是我們國家文化發展的需要，也是世界文化發展的需要，是世界對中國文化的期待。我理解，《儒藏》編纂的背後，代表着湯先生等一代學人對於歷史文化和現代化關係的重新認識。中國走向現代化，這是一個不可逆轉的方向。現代化所要求的文化，與傳統文化之間顯然存在着緊張的關係。但緊張不等於割裂或斷裂，如何通過創造性轉化和創新性發展，把中國式現代化的文化根基接續在五千年的文明歷史之上，貫通舊邦與新命，是當代文化建設的重大課題，也是當代學人的重要使命。同時，如何發掘以儒家思想爲核心的中國文化中存在着的許多具有普遍價值意義的、有利於解決當前人類社會各種問題的思想文化資源，在二十一世紀重新點燃思想的火焰，發揮它重大的作用，也是湯先生晚年的關懷所在。這種用心也得到了國內外學者的理解和呼應，法國漢學家汪德邁先生認爲，湯一介先生編纂《儒藏》，「旨在爲當今中國的思想拓開一條新路，這就是不再模仿西洋的現代化，而要在中國本地文化的基礎上開辟中國本地現代化的新路」。李學勤先生認爲，「《儒藏》的編纂出版，我覺得是學術界、文化界、出版界，甚至於我們全國的一件非常重大的、極其值得紀念的盛事。……從我的體會，《儒藏》工程的重要意義可説爲這樣三點：第一點，《儒藏》工程是保存和傳承中國傳統文化的一個非常重大的舉措。……其次，《儒藏》工程是弘揚中國傳統文化的必要基礎。……第三點，我認爲，《儒藏》的編纂是未來儒學研究新發展的必要依據和起點」。國内外學界的肯定對《儒藏》編纂工作來説，是非常重要的激勵。

《儒藏》「精華編」的首席總編纂季羨林先生，以及四位總編纂湯一介先生、龐樸先生、孫欽善先生、安平秋先生都是人文學領域的著名學者，他們的文化情懷、學術洞見和工作經驗，體現在《儒藏》的頂層設計和具體環節之中。如湯先生在《總序》中所説，《儒藏》的選目範圍包括儒家經典及其各個時代的注疏，歷代儒家學者的著述，體現儒家思想的各種文獻，在此基礎上將其編輯成一部儒家思想文化的大文庫，這就決定了《儒藏》具有系統性和集大成的特點，體現爲傳世和出土文獻相結合、本土和域外文獻相結合。湯先生始終親力親爲，關注工作中各個環節的有效銜接，確保《儒藏》編纂的質量。「精華編」陸續出版以後，在使用者中已經樹立起良好的口碑，很多整理本被認爲是目前最值得信賴和方便利用的版本。同時，大家也希望儘快推出單行本、數據庫。《儒藏》編纂與研究中心和北京大學出版社已經按照讀者的建議，積極推進相關的工作。

不忘歷史才能開辟未來，習近平總書

記一直高度重視中華優秀傳統文化，並提出把馬克思主義基本原理同中華優秀傳統文化相結合的重要論斷。2014年5月4日，習近平總書記考察北大，親切看望湯一介先生。總書記特別關心《儒藏》編纂工作，指出這是一個很有意義的事業，傳承中華文明，肯定湯老做了一件有非常大貢獻的事情，並詢問有什麽困難。總書記的肯定對於參與《儒藏》工作的全體人員都是一個巨大的鼓舞，也得到了各領導部門和學校的積極響應，有力推動了《儒藏》工作的開展。此後，全國古籍保護、整理和研究也迎來了新的局面。中辦、國辦2022年印發了《關於推進新時代古籍工作的意見》，强調挖掘古籍時代價值、促進古籍有效利用、推進古籍數字化、做好古籍普及傳播，以及推進古籍學科專業建設、强化人才隊伍建設等，爲《儒藏》工程的後續進行增添了新的動力。

按照湯一介先生的設想，《儒藏》編纂工作分兩個階段，第一階段是《儒藏》「精華編」，第二階段則是全本《儒藏》。隨着「精華編」的接近收官，《儒藏》全本的工作已經有序展開。《儒藏》中心主持召開了幾次工作會議，邀請資深學者、專家與中心同仁一起討論，總結「精華編」工作經驗，圍繞規模、選目、工作隊伍、數字化技術、組織方式等進行了比較充分的討論，確立了基本的工作方向。與二十年前相比，《儒藏》的編纂具有更加有利的社會環境、學術積累和技術支撐。以技術支撐來説，伴隨着數智時代的到來，數字人文領域發展迅速，在古籍整理、研究和普及中的作用日益顯著，《儒藏》的下一步工作將充分利用數字人文的最新成果，並運用到古籍整理和利用中去，推進古籍數字化。同時，「精華編」也讓我們凝聚了學術隊伍，除了中心同仁之外，還有國内和韓國、日本、越南等地的學界同道。我們相信，在全國古籍工作領導小組、教育部、高校古委會和北京大學的領導與支持之下，《儒藏》下一步的工作一定可以更加順利地開展。

過去未去，未來已來。過去未去，則過去不可謂過去，過去即存於當下；未來已來，則未來不可謂未來，未來即蘊於當下。科技發展一往無前，文化建設則要瞻前顧後。《儒藏》工程整理的是過去的文獻，但其用心卻是面向未來的，這也就是湯先生喜歡講的光前裕後、返本開新。中華民族的偉大復興必然包含着文化的偉大復興，復興當然不是回到過去，但割裂不了過去。舊邦是一個客觀的存在，但新命也就意味着面向未來的想象和開拓。人的偉大在於，我們不僅是被歷史規定的，也是由對於未來的追求塑造的。

《儒藏》總序

湯一介

中華民族有着長達五千年的文明史，在這漫長的歷史長河中，儒家、道家（道教）、佛教曾對我們國家的生存與發展起過重大的作用，它們的思想文化已經成爲中華民族的精神支柱。歷代中華兒女都曾自覺地傳承和更新着這個思想文化傳統，使我們的國家得以克服重重困難而不斷前進。今天，重新回顧我們這個民族思想文化的根源以及其不斷發展着的歷史，必將對中華民族及其文化的偉大復興與發揮重大作用。

雖然在中國歷史上儒、釋、道三家並稱，可是千百年來，我國有《佛藏》、《道藏》，而没有《儒藏》，始終没有把儒家思想文化的經典、文獻集大成地編輯成一個系統，這不僅與儒家在中國歷史文化中的主流地位極不相稱，更不能滿足傳統文化整理和研究日益廣泛深入的需要。從經典的系統看，儒家所傳承的「六經」，是夏、商、周三代文明的精華；而孔子開創的儒家，與先秦其他各家的最大不同，就是儒家始終以自覺傳承「六經」爲己任，「六經」所代表的中國古代文化正是通過和依賴儒家的世代努力而傳承至今。歷代儒家學者對《尚書》、《詩經》、《易經》、《春秋》等經典的不斷整理、解釋和對其中思想文化的推衍與發展，構成了儒家典籍體系的主要内容。由此可見，就經典的根源來説，與根源於古印度的佛教和後起的道教不同，儒家的典籍體系不是某一宗教的經典，而是中華文明的經典。

由於儒家具有如此深遠的文化根源，積極入世的實踐精神，深厚的歷史感、文化感、道德感和傳承思想文化上的自覺努力，不僅使得主政者無不重視儒家的政治—文化功能，而且也使得儒家的價值觀逐漸成爲中國人的價值觀的主體。儒家「崇德貴民」的政治文化、「孝悌和親」的倫理文化、「文質彬彬」的禮樂文化、「遠神近人」的人本取向，已滲透到中國社會文化的各個方面。儒家哲學强調陰陽互補、和諧與永久變易以及天人合一的宇宙觀，成爲中國古典哲學的重要基礎。儒家的價值理念，不僅通過個體表現爲强烈的道德主義、積極的社會關懷、穩健的中庸精神、嚴肅的自我修養，而且也表現爲人道主義、理性態度、重視傳統的整體性格。這一切都深刻地影響了中華民族的文學、藝術、倫理、哲學、宗教、科技、醫藥以及政治、經濟、法律等各個方面的發展，歷史地成爲中國文化的主流。中國古代文化又是「軸心時代」幾大文明之一，而儒家是軸心期中國思想的重要成分。歷史學家早已指出，「軸心時代」的思想傳統經過兩千多年的發展，已經成爲人類文化的共同財富，人類一直靠「軸心時代」所產生的思考和創造的一切而生存，而人類歷史上每一次新的飛躍無不通過對軸心期的回顧而實現，並被它重新點燃。在踏入新千年之際，世界思想界已出現對於「新的軸心時代」的呼喚，這要求我們更加重視對古代思想智能的温習與發掘，以響應世界文化發展的新局面。因此，儒家文化無疑定會對我們多元一體的偉大祖國增强民族凝聚力，建設安定、團結、誠信社會，發揮重要的作用；同時也會爲當今人類社會和平共處、共同發展、道德提升、環境保護諸多方面提供極其有意義的思想文化資源。

歷史上雖無以《儒藏》名書的事實，但歷代王朝都有過彙編儒家經典的舉措。如唐代的《五經正義》、宋代的《十三經》、明代的《四書大全》、清代的《皇清經解》和《十三經注疏》等等，尤其是清朝編纂的《四庫全書》，收入了不少儒家文獻。明、清兩代都有學者提出編纂《儒藏》的建議，終因種種原因，而未能實現。近世以來，衆多儒家典籍的影印本，包括《四庫全書存目叢書》、《續修四庫全書》和《中華再造善本》等等的出版，儒家文獻的出土以及許多古籍的校點本的出版，所有這些都爲我們今天編纂《儒藏》打下基礎。

《詩・大雅・文王》：「周雖舊邦，其命維新。」爲了傳承和更新中華民族的文化傳統，把儒家經典及其各個時代的注疏，把歷代儒家學者的著述，把體現儒家思想的各種文獻，編輯成一部儒家思想文化的大文庫《儒藏》，無疑將使我們可以更系統、更全面地瞭解中華民族生存和發展的思想文化根基，爲當今建設和諧社會提供寶貴的思想文化資源，有着歷史、現實和理論上的重大意義。同時，也必將推動中國文化走向世界，使多元化的世界文化得以利用中國文化的資源而更加豐富多彩，實現不同文明之間的共存共榮。

二〇〇六年四月

《儒藏》工程立項文件

教育部司局函件

教社政司函[2003]238号

关于批准下达2003年度教育部哲学社会科学研究重大课题攻关项目的通知

北京大学：

你校 汤一介 教授投标的2003年度教育部哲学社会科学研究重大课题攻关项目第8号招标课题：《<儒藏>编纂与研究》，经我部组织专家评审中标，现正式批准立项。

项目首席专家：汤一介 教授

项目批准号：03JZD008

项目批准经费：500万元。第一次拨款100万元。经费由我部财务司拨至你校计划内帐号。第二次拨款待项目中期检查通过之后。

项目计划完成时间：2004－2008 年（第一期）

项目主要合作研究者：山东大学 刘大均教授等。

项目中标学校和首席专家应按照《教育部哲学社会科学研究重大课题攻关项目管理办法（试行）》关于“严格管理、铸造精品”的要求，瞄准国内和世界先进水平，认真组织跨学科、跨学校、跨部门和跨地区的联合攻关，积极开展实质性的国际学术合作与交流，力争取得具有重大学术价值和社会影响的标志性成果。

教育部社会科学研究与思想政治工作司

二 00 三年十二月三十日

项目批准号：03JZD008
项目合同号：03JZDH08

教育部哲学社会科学研究重大课题攻关项目

研究计划合同书

中标项目名称：《儒藏》编纂与研究

中标者（首席专家）：汤一介

所在学校：北京大学

所在院系所：北京大学哲学系中国哲学史教研室
北京大学中国哲学暨文化研究所
北京大学中国古文献研究中心

联系人：汤一介

电话（含手机）：62752964

教育部司局函件

教社科司函[2007]174号

关于进一步做好《〈儒藏〉编纂与研究》项目工作的通知

北京大学及项目合作有关高校：

由北京大学汤一介教授承担的《〈儒藏〉编纂与研究》是2003年度教育部哲学社会科学研究重大课题攻关项目，根据《教育部哲学社会科学研究重大课题攻关项目管理办法（试行）》和《关于批准下达2003年度教育部哲学社会科学研究重大课题攻关项目的通知》（教社政司函[2003]238号）的要求，课题承担和合作单位要认真组织跨学科、跨学校、跨部门和跨地区的联合攻关，积极开展实质性的国际学术合作与交流，力争取得具有重大学术价值和社会影响的标志性成果。各子课题负责人所在学校应将该子课题列入学校重点科研计划，提供所需条件和配套资助经费；保证项目经费不得支付与课题研究无关的开支，学校不得从项目经费中提取管理费；要加强监督检查并及时解决存在的问题，对项目的正常进行、按时完成和产出高质量科研成果担负责任。

由于该课题意义重大，工作繁重，组织工作复杂，请各有关高校切实落实上述要求，加强统一协调和管理，保证各项研究任务的顺利完成。

教育部社会科学司

2007年11月7日

全国哲学社会科学规划办公室

2004年度国家社会科学基金
重大项目立项通知

汤一介 同志：

经全国哲学社会科学规划领导小组研究审批，您申请主持的国家社会科学基金2004年度重大项目《儒藏》精华本获准立项，批准号 04&ZD041，资助经费 80 万元；首次拨付启动经费 24 万元。现发给正式立项通知和回执，请认真填写回执并尽快寄回我办，我办接到回执后即拨付启动经费。

填写回执前，请认真阅读以下约定：

1. 国家社会科学基金重大项目是全国哲学社会科学规

新闻出版总署文件

新出图〔2006〕358号

关于实施“十一五”期间（2006年—2010年）国家重点图书出版规划的通知

各省、自治区、直辖市新闻出版局，新疆生产建设兵团新闻出版局，解放军总政宣传部新闻出版局，中央和国家机关各部委、各民主党派、各人民团体出版主管部门，中国出版集团公司：

为了深入贯彻和落实党的十六大和十六届三中、四中、五中全会精神，根据《中共中央关于制定国民经济和社会发展第十一个五年规划的建议》以及我国经济、文化和社会发展的需要，我署决定组织全国图书出版单位和出版行政管理部门，制定“十一五”期间国家重点图书出版规划。这项工作从2005年5月开始实施，历时近一年，现已全部完成，并颁布实施。

附件：

“十一五”期间（2006年—2010年）国家重点图书出版规划
重大工程出版规划

序号	书名	著作责任者	出版者
20	儒藏	北京大学《儒藏》编纂指导委员会	北京大学出版社

主题词：文化　出版　规划　通知

抄送：中央宣传部。

各图书出版单位，各出版集团。

新闻出版总署办公厅　　2006年4月20日印发

中华人民共和国新闻出版总署

新出字〔2011〕93号

关于实施"十二五"时期（2011—2015年）国家重点图书、音像、电子出版物出版规划的通知

各省、自治区、直辖市新闻出版局，新疆生产建设兵团新闻出版局，解放军总政治部宣传部新闻出版局，中央和国家机关各部委、民主党派、人民团体新闻出版主管部门，中国出版集团公司，中央直属企业：

"十二五"时期是我国加快转变经济发展方式的攻坚时期，也是出版业由出版大国向出版强国迈进的重要战略机遇期。"'十二五'时期（2011—2015年）国家重点图书、音像、电子出版物出版规划"（以下简称"规划"）的编制是出版业贯彻落实党的十七大、十七届五中全会精神的重要举措，对于推动文化大发展大繁荣，提升国家文化软实力，满足人民群众不断增长的精神文化需求具有十分重要的意义。

"规划"编制工作从2009年10月开始，经历了前期调研、

附件:

“十二五”时期（2011—2015年）国家重点图书、音像、电子出版物出版规划

序号	项目名称	著作责任者	出版单位	规模	计划出版时间
60	儒藏	汤一介总主编	北京大学出版社	330卷	2015年12月

附件：

“十三五”国家重点图书、音像、电子出版物出版规划

一、图书

（二）重大出版工程规划（32项）

序号	项目名称	著作责任者	规模（卷/册）	出版单位	计划出版时间
2	儒藏★	北京大学《儒藏》编纂与研究中心	183	北京大学出版社	2020年7月

出版业“十四五”时期发展规划

为推动“十四五”时期出版业高质量发展，深入推进出版强国建设，根据《中华人民共和国国民经济和社会发展第十四个五年规划和2035年远景目标纲要》、“十四五”文化发展规划、《关于加强和改进出版工作的意见》等，编制本规划。

一、深刻把握出版业发展新任务新要求

“十三五”时期，在以习近平同志为核心的党中央坚强领导下，出版业深入贯彻落实党中央关于出版工作的重大决策部署，出版事业与党和国家各项事业同向同步，在正本清源、守正创新中取得历史性成就、发生历史性变革，为社会主义文化强国建设提供了重要支撑。党对出版工作的领导全面加强，出版治理效能不断提升。党的创新理论出版传播工作深入推进，习近平新时代中国特色社会主义思想更加深入人心，深刻地改变着中国、影响着世界，有力发挥了统一思想、凝聚力量的重要作用。出版业持续繁荣发展，各类出版精品佳作迭出，为满足人民日益增长的美好生活需要提供了更加丰富优质的精神食粮。全民阅读活动深入开展，实体书店、农家书屋建设扎实推进，2020年全国出版物发行网点超过26万处，全社会爱读书、读好书、善读书的文明风尚

（六）古籍出版规划（160项）

序号	项目名称	分类	整理者	整理方式	规模（卷/册）	出版单位
114	儒藏（精华编）三期	哲学类	北京大学《儒藏》编纂与研究中心	校点	43	北京大学出版社

国家出版基金规划管理办公室

基金办〔2016〕7号

国家出版基金规划管理办公室
关于2016年度国家出版基金项目立项的通知

北京大学出版社有限公司：

经国家出版基金管理委员会批准，你单位《儒藏（精华编）》项目被确定为2016年度国家出版基金项目，资助总额为550万元。其中，其他费用0万元。2016年首拨款金额165万元。

请你单位按照《关于组织签订2016年度国家出版基金资助项目协议书的通知》（见国家出版基金规划管理办公室网站www.npf.org.cn）要求，认真填报《国家出版基金资助项目协议书（2016年度）》。同时，请根据国家出版基金管理规定和项目实际情况，研究制定项目绩效管理办法、项目质量和进度保障措施、国家出版基金资助经费使用管理办法及廉政制度，确保项目保质按时完成。

国家出版基金规划管理办公室

2016年3月23日

抄送：教育部社会科学司

国家出版基金规划管理办公室

基金办〔2017〕16号

国家出版基金规划管理办公室
关于2017年度国家出版基金项目立项的通知

北京大学出版社有限公司：

经国家出版基金管理委员会批准，你单位《儒藏（精华编）（二期）》项目被确定为2017年度国家出版基金项目，资助总额为1062万元，其中，其他费用26万元。2017年首拨款金额318万元。

请你单位按照《关于组织签订2017年度国家出版基金资助项目协议书的通知》（见国家出版基金规划管理办公室网站www.npf.org.cn）要求，认真填报《国家出版基金资助项目协议书（2017年度）》。同时，请根据国家出版基金管理规定和项目实际情况，研究制定项目质量和进度保障措施、国家出版基金资助项目经费使用管理办法及相关廉洁保障制度，确保项目保质按时完成。

国家出版基金规划管理办公室

2017年3月1日

抄送：教育部

国家出版基金规划管理办公室

基金办〔2020〕5号

国家出版基金规划管理办公室
关于2020年度国家出版基金
资助项目立项的通知

北京大学出版社有限公司：

经国家出版基金管理委员会批准，你单位《〈儒藏〉（精华编）（三期）》被确定为2020年度国家出版基金资助项目，资助总额500万元，其中，其他费用15万元。2020年首拨款金额150万元。

请按照《关于组织签订2020年度国家出版基金资助项目协议书的通知》（见国家出版基金网站www.npf.org.cn）要求，认真填报《国家出版基金资助项目协议书（2020年度）》。同时，请根据国家出版基金管理规定和项目实际情况，研究制定国家出版基金资助项目质量和进度保障措施、项目经费使用管理办法及相关廉洁保障制度，确保项目保质按时完成。

国家出版基金规划管理办公室

2020年3月9日

抄送：教育部

《儒藏》精華編組織體系

《儒藏》精華編編纂委員會

首席總編纂　季羡林

項目首席專家　湯一介

項目首席專家
兼項目負責人　王　博（二〇一四年十一月起）

總　編　纂　湯一介　龐　樸　孫欽善　安平秋（按年齡排序）

執行總編纂　李中華　魏常海

顧　問

饒宗頤　王元化　來新夏
朱伯崑　田餘慶　蕭萐父
黄永年　任繼愈　户川芳郎（日）
柳承國（韓）　金忠烈（韓）　崔根德（韓）
汪德邁（法）

編委（按姓氏筆畫排序）

周國林　河口英雄（日）　河野貴美子（日）
胡仲平　姜廣輝　洪修平
馬月華　馬辛民　陳　力
陳　來　陳俊民　陳恩林
陳　新　陳　静　陳衛平
陳蘇鎮　孫亦平　孫欽善
黄俊傑（中國臺灣）　崔英辰（韓）　崔珍皙（韓）
許南進（韓）　梁承武（韓）　張玉範
張永義　張希清　張忱石
張衍田　張榮華　張豐乾
張麗娟　張鶴泉　張艶國
彭　林　董　平　董治安
董洪利　景海峰　程郁綴
程抱泉　馮天瑜　馮達文
湯一介　湯淺邦弘（日）　温樂平
蒙培元　蒙　曦（法）　楊　忠
楊　軍　楊　浩　楊韶蓉

詹福瑞　趙伯雄　趙逵夫
鄭仁在（韓）　鄭傑文　鄧志峰
鄧球柏　劉大鈞　劉永翔
劉述先（中國臺灣）　橋本秀美（日）　錢文忠
錢　遜　韓格平　魏常海
鍾肇鵬　嚴佐之　羅炳良
羅　超　龐　樸　龔鵬程（中國臺灣）

《儒藏》精華編編纂與研究項目合作單位名單

	單位名稱	負責人	承擔的子課題名稱
一	山東大學易學與中國古代哲學研究中心	劉大鈞、林忠軍	經部易類
二	吉林大學古籍研究所	張鶴泉、吕文郁、陳恩林	經部書類、小學類
三	山東大學文史哲研究院	董治安、鄭傑文、王承略	經部詩類、讖緯類
四	清華大學歷史系暨經學研究中心	彭林	經部禮類周禮、儀禮、通禮之屬
五	西南大學漢語言文獻研究所	毛遠明	經部禮類禮記之屬

續表

	單位名稱	負責人	承擔的子課題名稱
六	中國社會科學院歷史研究所中國思想史研究室	姜廣輝	經部春秋類（一）
七	湖南大學嶽麓書院	朱漢民	經部春秋類（一）
八	上饒師範學院	吴長庚	經部春秋類（二）
九	復旦大學歷史系	朱維錚、鄧志峰	經部孝經類、群經總義類
一〇	北京大學中文系、中國古文獻研究中心	孫欽善	經部四書類（一）
一一	北京大學哲學系、中國哲學暨文化研究所	李中華	經部四書類（一）
一二	中國社會科學院哲學研究所中國哲學研究室	李存山、陳静	經部四書類（二）
一三	北京大學歷史系、中國古代史研究中心	張希清	史部
一四	北京師範大學哲學系	周桂鈿	子部周秦諸子類儒家之屬

續表

	單位名稱	負責人	承擔的子課題名稱
一五	蘇州科技學院歷史文獻研究所	朱友華、楊軍	子部儒學類經濟之屬
一六	上海師範大學哲學研究所	陳衛平	子部儒學類性理之屬（一）
一七	中山大學哲學系	馮達文、張永義	子部儒學類性理之屬（二）
一八	深圳大學文學院	景海峰	子部儒學類性理之屬（三）
一九	武漢大學中國傳統文化研究中心	馮天瑜	子部儒學類禮教之屬
二〇	湖北省社會科學院科研處	張艷國	子部儒學類禮教之屬
二一	首都師範大學易學研究所、電子文獻研究所	鄧球柏	子部雜學類
二二	南京大學哲學系暨中國哲學與宗教文化研究所	洪修平、孫亦平	集部漢至五代

續表

	單位名稱	負責人	承擔的子課題名稱
二三	浙江大學儒商與東亞文明研究中心	陳俊民	集部北宋
二四	華中師範大學歷史文化學院暨歷史文獻研究所	王玉德、周國林	集部南宋
二五	北京師範大學古籍研究所	李修生、韓格平	集部元代
二六	浙江大學中國思想文化研究所	李明友、董平	集部明代
二七	南開大學歷史學院暨古籍研究所	趙伯雄	集部清代
二八	華東師範大學古籍研究所	嚴佐之	朱熹及相關著作
二九	清華大學出土文獻研究中心、北京師範大學歷史學院	李學勤、李鋭	出土文獻（二）
三〇	北京大學圖書館	張玉範	《儒藏總目》
三一	臺北中研院文哲所	劉述先、林慶彰	
三二	韓國成均館大學	梁承武、金聖基	精華編韓國之部
三三	日本東方學會、二松學舍大學	户川芳郎	精華編日本之部
三四	越南河内國家大學	阮金山	精華編越南之部

《儒藏》精華編部類主編名單

部類	承擔單位	部類主編
經部　易類	山東大學易學與中國古代哲學研究中心	劉大鈞、林忠軍
經部　書類	吉林大學古籍所	吕文郁
經部　詩類	山東大學文史哲研究院	董治安、鄭傑文、王承略
經部　禮類　周禮、儀禮、通禮之屬	清華大學歷史系經學研究中心	彭林
經部　禮類　禮記之屬	西南大學漢語言文獻研究所	毛遠明
經部　春秋類(一)	中國社會科學院歷史研究所中國思想史研究室、湖南大學嶽麓書院	姜廣輝、朱漢民
經部　春秋類(二)	上饒師範學院	吴長庚

續表

部類	承擔單位	部類主編
經部　孝經類、群經總義類	復旦大學歷史系	朱維錚、鄧志峰
經部　四書類（一）	北京大學《儒藏》編纂與研究中心	孫欽善
經部　四書類（二）	中國社會科學院哲學研究所	陳静、李存山
經部　小學類	吉林大學古籍所	陳恩林
經部　讖緯類	山東大學文史哲研究院	鄭傑文
史部	北京大學中國古代史研究中心、北京師範大學歷史學院	張希清、羅炳良
子部　周秦諸子類儒家之屬	北京師範大學哲學系	周桂鈿
子部　儒學類　經濟之屬	蘇州科技學院歷史文獻研究所	朱友華、楊軍
子部　儒學類　性理之屬（一）	上海師範大學哲學研究所	陳衛平

續表

部類	承擔單位	部類主編
子部　儒學類　性理之屬（二）	中山大學哲學系	馮達文
子部　儒學類　性理之屬（三）	深圳大學文學院	景海峰
子部　儒學類　禮教之屬	武漢大學中國傳統文化研究中心、江西師範大學	馮天瑜、張艷國
子部　雜學類	首都師範大學易學研究所	鄧球柏
集部　漢至五代	南京大學哲學系	洪修平、孫亦平
集部　北宋	浙江大學區域社會經濟史研究中心	陳俊民
集部　南宋	華中師範大學歷史文化學院	王玉德、周國林
集部　金元	北京師範大學古籍所	韓格平
集部　明	浙江大學中國思想文化研究所	董平
集部　清	南開大學歷史學院	趙伯雄
朱熹及相關著作	華東師範大學古籍所	嚴佐之
出土文獻（一）	北京大學	龐樸

續表

部類	承擔單位	部類主編
出土文獻（二）	清華大學	李學勤
韓國之部	韓國成均館大學	梁承武、金聖基
日本之部	日本東方學會、二松學舍大學	户川芳郎
越南之部	越南河内國家大學	阮金山

《儒藏》精華編韓、日、越三國承擔校點任務高校名單

韓國

一　成均館大學　儒學科　韓國哲學科　漢文教育科　東洋哲學科
文獻情報學科　漢文學科　國文學科

二　高麗大學　漢文學科　哲學科

三　首爾大學　宗教學科　哲學科　法學科

四　中央大學　歷史學科　中文學科

五　東國大學　漢文學科

六　延世大學　哲學科

七　建國大學　史學科

八　檀國大學　漢文學科　都市計劃學科

九　慶熙大學　哲學科

一〇 西江大學 哲學科
一一 慶北大學 哲學科
一二 聖潔大學 教養學部
一三 嶺南大學 哲學科 漢文學科
一四 江原大學 倫理學科
一五 公州大學 漢文教育科
一六 崇實大學 哲學科
一七 傳統文化大學 傳統教育院
一八 全南大學 哲學科
一九 啓明大學 哲學科
二〇 尚志大學 國文學科
二一 同德女大 教養學部
二二 誠信女大 漢文學科
二三 大邱韓醫大學 日文學科
二四 釜山大學 倫理學科
二五 木浦大學 倫理教育科
二六 慶尚大學 哲學科

二七　全州大學　漢文學科
二八　忠南大學　哲學科
二九　韓國學中央研究院

日本

一　二松學舍大學
二　早稻田大學
三　大阪大學
四　北海道大學
五　上智大學
六　九州大學
七　中央大學
八　國際基督教大學
九　天理大學
一〇　南山大學
一一　岐阜女子大學

一二　埼玉大學

一三　跡見女子大學

越南

一　越南河内國家大學　人文與社會科學大學　中國學中心

《儒藏》精華編合作圖書館名單

中國國家圖書館

上海圖書館
南京圖書館
天津圖書館
福建省圖書館
浙江省圖書館
湖南省圖書館

北京大學圖書館
清華大學圖書館
中國人民大學圖書館
北京師範大學圖書館

復旦大學圖書館
華東師範大學圖書館
中山大學圖書館
湖南省博物館
中國科學院文獻情報中心

北京大學組織實施責任體系

《儒藏》精華編編纂與研究指導委員會

名譽主任 季羡林

主　　任 許智宏　周其鳳

常務副主任 湯一介

副 主 任 吴志攀　張國有

《儒藏》精華編編纂工作小組

組　　長　湯一介　吴志攀　張國有

常務副組長　安平秋

副 組 長　吴同瑞　程郁綴

成　　員　龐　樸　孫欽善　張玉範　李中華
魏常海　陳　來　陳蘇鎮

《儒藏》精華編編纂學術委員會

主　任　湯一介　李中華（二〇一四年十一月起）

副主任　孫欽善

委　員　安平秋　吴同瑞　魏常海　陳　來　陳蘇鎮

北京大學《儒藏》編纂與研究中心

主　　任　湯一介　王　博（二〇一九年四月起）

常務副主任　魏常海（二〇一九年四月止）

副　主　任　吴同瑞（二〇一九年四月止）　楊韶蓉　沙志利

責任編委（按姓氏筆畫排序）

王豐先　甘祥滿　李峻岫　李暢然　谷　建　沙志利

胡仲平　馬月華　張麗娟　楊　浩　楊韶蓉

編　　校

王振華　于天寶　李君龍　薛　可

蘇永利　周　粟　趙　新　吴冰妮　秦　峰　張　波

華　喆　方　芳　沈瑩瑩　陳志遠　李曉明　孫　倩

閆翠科

姜海軍　周鋒利　徐　强　張永奇　代　超　胡宇芳
李　僅　馮一鳴　江　新　劉新華　龍　鑫　譚忠誠
陳培榮　劉　黛　魯鵬一　張　文　陳軍燕　田　豐
徐麗麗　俞菁慧　安文研　郎　震　王覓泉　趙立研
廖璨璨　王　博　王傳龍　鄭興中　朱天助　胡士潁
李　瑛　彭　榮　湯元宋　肖力千　張　旭　黃靖雅
吕東超　吕明烜　施凱文　王　皓　張　鵬　朱　雷
班龍門　薄化君　李　毅　李笑瑩　王　涵　鍾治民
种　方　周豐堇　陳佩輝　宮志翀　劉　沁　劉　瑩
石　瑊　李　科　汪　博　孟繁之　姜　波　廖　丹

編務

曹　建　田華平　王桂玲
徐昭躍　吴　磑　劉碧澄　段雲方
戴森宇　黃越泓　李文艷　龔業超　汪　偉　李　璐
劉　斌　邵凡利　杜　艷　相福星　王　淇　藍苑玲
畢　冉　何振泓　楊勝寓　戴曉芳　湯　煒　孫海科
左冠英　王子劍

北京大學出版社《儒藏》精華編出版工作小組

出版總監 王明舟 張鳳珠

執行總監 馬辛民

審讀專家 胡雙寶 馬辛民

責任編輯 王 應 武 芳 魏奕元 吴遠琴 周 粟 翁雯婧
王 琳 沈瑩瑩 吴冰妮 陳軍燕 張弘泓 方哲君
王長民 童 祁 趙 新 肖瀟雨 謝丹雲 蕭 雪
李笑瑩 金春梅 王 珊 陳大鈞 黨偉龍 李 莉

印刷監製 潘 建 王建民 梁庭芝 商鴻業

校對

于惠敏　賈長蘭　龍　翔　季春蓮

侯香玲　喬爲紅　趙海華　高春蘭　李升蘭　彭　抒

馬玉方　向　洋　王　卉　谷玥昕　王　旭　朱　桐

《儒藏》精華編編纂規範及工作模式

《儒藏》精華編凡例

一、中國傳統文化以儒家思想爲中心。《儒藏》爲儒家經典和反映儒家思想、體現儒家經世做人原則的典籍的叢編。收書時限自先秦至清代結束。

二、《儒藏》精華編爲《儒藏》的一部分，選收《儒藏》中的精要書籍。

三、《儒藏》精華編所收書籍，包括傳世文獻和出土文獻。傳世文獻按《四庫全書總目》經史子集四部分類法分類，大類、小類基本參照《中國叢書綜録》和《中國古籍善本書目》，於個别處略作調整。凡單書已收入入選的個人叢書或全集者，僅存目録，並注明互見。出土文獻單列爲一個部類，原件以古文字書寫者一律收其釋文文本。韓國、日本、越南儒學者用漢文寫作的儒學著作，編爲海外文獻部類。

四、所收書籍的篇目卷次，一仍底本原貌，不選編，不改編，保持原書的完整性和獨立性。

五、對入選書籍進行簡要校勘。以對校爲主，確定内容完足、精確率高的版本爲底本，精選有校勘價值的版本爲校本。出校堅持少而精，以校正誤爲主，酌校異同。校記力求規範、精煉。

六、根據現行標點符號用法，結合古籍標點通例，進行規範化標點。專名號除書名號用角號（《》）外，其他一律省略。

七、對較長的篇章，根據文字内容，適當劃分段落。正文原已分段者，不作改動。千字以内的短文一般不分段。

八、各書卷端由整理者撰寫《校點説明》，簡要介紹作者生平、該書成書背景、主要内容及影響，以及整理時所確定的底本、校本（舉全稱後括注簡稱）及其他有關情況。重複出現的作者，其生平事蹟按出現順序前詳後略。

九、本書用繁體漢字竪排，小注一律排爲單行。

《儒藏》精華編編纂條例及補充説明

《儒藏》精華編編纂條例

此《條例》用作校點者在具體工作中的參考依據，不用於發表，因此比《儒藏》成書後的書前《凡例》要詳細、具體。

壹　選目

一、選收範圍包括傳世文獻和出土文獻。傳世文獻選取自先秦至一九一一年清王朝結束這一時段中有代表性的、重要的儒家經典和反映儒家思想、體現儒家經世做人原則的典籍。

二、分類採用最能代表儒家學術觀的傳統的經、史、子、集四部分類法，具體類目依據《四庫全書總目》，同時參照《中國古籍善本書目》及《中國叢書綜録》的分類，於個別處略作調整。韓國、日本、越南儒學者用漢文寫作的儒學著作，編爲海外文獻部類。

三、個別重要儒家代表人物的重要儒學專著，若已收入其全集或文集中，且該全集或文集已列入選目者，僅存目録，注明該專著見於該人全集或文集。

四、對於各書篇目，不割裂，不重編，保持其完整性與獨立性。

貳　底本、校本

一、收集所能見到的各種版本進行比較研究，弄清版本源流，儘可能選定内容最完整、錯誤最少、校刻最精的版本作爲底本。

二、選擇在版本系統中具有代表性和校勘價值的兩三種版本作爲校本。同出一源的版本原則上應該選用祖本或最早的本子，但也可以採用經過後人精校的翻刻本。

三、如果無法取得選定的善本（包括複印本）作爲底本，可以用比較易得的版本作工作本，按照善本過録在工作本上，改成與善本完全相同的本子作爲底本，然後進行校勘。

四、底本的序跋及其他附録材料應予完整保留，校本中有價值的類似材料也應酌情收録，並注明出處。

五、如無完整的善本作底本，可以選擇屬於同一系統、文字比較好的兩個殘本互補，合成一個内容完整的底本。

六、關於輯佚。

（一）如果原書就是輯佚本，且有不同的輯本，應在比較不同輯本之後，選擇輯佚最全面準確的輯本作底本，然後再與其他輯本校勘，在篇目上拾遺補闕，把底本未輯到的内容補進，補進的部分需要嚴格注明出處，編於全書的最後，不打亂底本原有編次。

（二）對傳世本，原則上不要求補遺。

七、底本無目録者，應補目録；目録篇目闕漏者，應補全；目録與正文篇題不一致者，改從正文；有目而無正文者，目下注明。以上幾種情況，均須在《校點説明》中説明。

八、儘量採用已有的好整理本。

参　校點説明

一、每本書前都要有一篇「校點説

明」。

二、「校點説明」應包括作者生平簡介（並括注所依據的主要傳記材料）、本書内容價值簡介、版本源流簡介、確定底本校本的説明，以及其他需要向讀者交代的内容。篇幅不宜過長，力求言簡意賅。

三、版本的全稱要準確，用影印本的要寫明其底本（如《四部叢刊》影印某某本、《續修四庫全書》影印某某本；《四庫全書》現已有兩種影印本，應注明影印文淵閣本或影印文津閣本）。校本要擬定簡稱，以便寫校勘記時使用。簡稱要簡明準確。

四、對於一位作者有多種著作收入《儒藏》精華編者，各書「校點説明」都要寫作者生平簡介。如其著作在某部類中首次出現，生平簡介應相對詳細一些；再次出現時，可較爲簡略。

肆　校勘

一、《儒藏》精華編旨在爲讀者提供簡明可靠的校點本，出校力求精練、到位，主要做版本對校，且避免做煩瑣校勘。

二、校改原則：

（一）底本有誤，校本不誤者，慎改底本原文，出校説明。

（二）底本、校本兩通，文字差異很大者，不改底本原文，出校説明。

（三）底本、校本兩通，文字小有差異者（主要指同義詞、近義詞異文或無關緊要的虚詞異文），不出校。

（四）底本不誤，校本誤者，不出校。

（五）底本原文有疑問，無法解決者，出校説明。

三、儘量參考前人的校勘成果，對其

舉證和引書進行復覈後，充分吸收其正確意見。

四、校勘記文字力求規範，簡明扼要，慎斷是非。運用校勘用語應符合習慣用法。先舉原文中存在異文的字，下面舉稱各本異同或校改情況。普遍性的問題可在「校點説明」中指出，或在首次出現時説明。

五、校勘記位置在當頁之末，注碼用圈碼。原文（包括正文和注文）中校勘記的注碼，放在表示停頓的標點之下。

六、顯著的版刻錯誤，根據上下文可以斷定是非者，如「己」「已」「巳」的混同之類，逕改而不出校記。

七、作者原文避本朝名諱及家諱者，一般不改，個別影響理解文義的避諱字，可出校説明。缺筆字則補足筆畫。

八、明清人傳刻古書避當朝名諱而改，或引用古書而避當朝名諱者，如「桓玄」作「桓元」、「玄怪録」作「元怪録」、「弘治」作「宏治」之類，應據古本及原書回改，可於首見處出校説明，餘皆逕改，不再一一出校。

九、底本中的異體字、俗體字，不要求統一規範。

十、書中引文與通行本文字不同者，一般不出校，不改動原文。如果引文確實有誤，可出校説明。

十一、對於要收入《儒藏》精華編的現成的校點本，如果是彙校本或校記較多，可請原校點者按本體例適當删繁就簡。

伍　標點

一、根據現行標點符號的用法，結合古籍整理的通例，使用句號（。）、問號（？）、嘆號（！）、逗號（，）、頓號（、）、分號（；）、冒號（：）、引號（「」、『』）、括號（（））、書名號（《》）、間隔號（·）等符號進行規範化標點，具體用法可參考《古籍校點釋例（初稿）》（已收入《〈儒藏〉工程工作手册》中）。

二、儘量少用嘆號、分號，不使用省略號、破折號、專名號、着重號、連接號、反詰問號。

三、關於引號。

（一）不使用“”、‘’，而用「」、『』。

（二）原原本本引用者及删略引用者，加冒號、引號，末尾引號內加句號、問號或嘆號。

（三）舉稱大意者，加冒號，不加引號。

（四）部分節引，只加引號。

四、關於書名號。

（一）不使用波浪綫，而用《》。

（二）書籍統稱不加書名號，如五經、四書、三禮、二十四史等；書籍簡稱需加書名號，如《毛詩》、《論》《孟》（《論語》和《孟子》）、《説文》等；叢書加書名號，如《五經正義》、《十三經注疏》等。

（三）附屬於某書的注釋之作不加書名號，如傳、注、箋或毛傳、李（善）注、鄭箋等。

（四）《春秋》、《左傳》（或《公羊傳》、《穀梁傳》）加年份的標點，一律作《春秋》某公某年、《左傳》（或《公羊傳》、《穀梁傳》）某公某年，而不把年份前加間隔號標在書名號之内。如但引某公某年文字而略去其前書名者，則某公某年應加書名號，作《某公某年》。

（五）所引篇名後有「篇」字者，須查看原書篇名是否帶有「篇」字，如有，則將「篇」字標在書名號内；如無，則將「篇」字標在書名號外。如《論語》原作「學而第一」、「爲政第二」，則標爲「《論語·學而》篇」、「《爲政》篇」；《荀子》原作「勸學篇第一」、「修身篇第二」，則標爲「《荀子·勸學篇》」、「《修身篇》」等。

五、對原文補、删文字時，不使用增删符號（方括號、圓括號），一律在校記中説明。

六、以上規定，原則上要求統一。有些細節，可視各書的不同情况在一部書之内統一。

陸　分段

一、根據文字内容，適當劃分段落。

二、劃分段落既要顧及段與段之間的關係，也要顧及每一段與全篇的關係。一般來講，記事者（如史書）當以時間或事件的順序爲依據，論説者（如諸子）當以論點層次爲依據，抒情者（如詩文）當以感情的發展爲依據。段落的劃分允許有校點者自己的理解。

柒　版式

一、版面爲繁體竪排。

二、各段另行低兩格開始，轉行頂格。爲了表明内容層次，需要分成大段和小段的，大段與大段之間可空一行。

三、原文中有大段引文（如史文中有長篇詔奏、辭賦、疏議等），可採用另起低四格，轉行一律低兩格的形式，起訖不必加引號。

四、原書注文排單行小字，加標點。

捌　出土文獻

一、出土文獻，由於性質特殊，按照通行的慣例進行整理。

附：具體工作中以及交稿時應注意的問題：

一、各合作單位所需要的底本及校本，儘量自己解決。已有影印本者，可以據以複印，不必要再複製原本。如果不能自己解決，請與《儒藏》編纂中心聯繫，由中心設法複製。有些孤本、善本，藏書單位不予複製，可與中心聯繫，經研究批准，由中心提供路費去藏書單位閱校。

二、校點者應在原書複印件上進行校點。校點要求筆迹清晰，並用紅色、藍色筆，勿用鉛筆。歡迎提供電子文檔，以減少重新録排的錯誤，但交稿時必須將帶有標點、注碼及校勘記的底本複印件一起附上，以作爲審稿和校對工作的依據。

三、校勘記儘量在底本複印件左側空白處寫，如篇幅不够，可貼紙延伸。

四、各單位應先向中心提供樣稿，待審查合格後再正式進行校點。樣稿應包括「校點説明」和一至二卷含有校勘記的校點稿。如果「校點説明」需要在完稿後撰寫，則校點者在提交樣稿時，須將版本調查情况、版本系統的梳理以及確定底本與選擇校本的根據寫成文字説明，一並提交，以便審查底本的確定、校本（包括簡稱）的選擇是否恰當。原書中如有詩有文，樣稿應涵蓋詩文兩部分，或只提供散文部分。樣稿提交時要經部類負責人審查並簽字。

五、全部稿件完成後，各部類負責人

應按照中心制定的《稿件初審要求》嚴格審查，最終把關。提交到中心的稿件要有部類負責人的簽字。

六、對於一位作者有多種著作收入《儒藏》者，各書「校點説明」都要寫作者生平簡介，最後由部類負責人統一處理。如其著作在某部類中首次出現，生平簡介應相對詳細一些；再次出現時，可較爲簡略。

補充説明

針對《儒藏》精華編編纂過程中遇到的問題，中心在聽取了有關專家學者的意見以後，特補充數條規定。

壹　關於校勘記的格式

校勘記應包括出文（也就是「標目字」）和校勘記正文兩部分，之間以逗號隔開。校勘記所引底本與校本文字，須加引號，引號内文字一般不再加任何標點符號。今就常見的幾種情況將校勘記的基本格式分列如下：

一、出異文

「甲」，某本作「乙」。

「甲」，某本無此字。

【「甲乙」，某本無此二字。】

「甲」上（或「下」），某本有「乙」字。

【「甲」上（或「下」），某本有「乙丙」二字。】

「甲乙」，某本作「乙甲」（或「某本此二字互乙」）。

「甲」，某本重文（或「某本作『甲甲』」）。

「甲甲」，某本不重文（或「某本作『甲』」）。

二、正訛文

「甲」，原誤作「乙」，今據某本改。

三、補脱文

「甲」，原脱，今據某本補。

四、删衍文

「甲」上（或「下」），原衍「乙」字，今據某本删。

【「甲」上（或「下」），原衍「乙丙」二字，今據某本删。】

五、正倒文

「甲乙」，原誤作「乙甲」，今據某本改。

【「甲乙」，此二字原誤乙（或「誤倒」），今據某本改（或「今據某本乙正」）。】

六、補闕文，包括空格與墨丁

「甲」，原爲空格，今據某本補。

「甲」，原爲墨丁，今據某本補。

七、補、删重文

「甲甲」，原不重文（或「原作『甲』」），今據某本補。

「甲」，原重文（或「原作『甲甲』」），今據某本删。

八、漫漶不清

「甲」，原漫漶不清，今據某本補。

「□□□」，此三字原漫漶不清。

以上僅列出了基本格式。由於實際情況比較複雜，出校時可酌情而定。就稿件中常見的問題，尚有如下幾個方面需加以强調：

（一）校勘記出文應標引原文中與校勘直接相關的字，如果只校勘句中一二字，逕出此一二字即可，不宜將其他字或全句作出文。

（二）如果一句之中有多處異文，一般分列數條，依照異文的次序分别寫校勘記，各條之間的分隔要用句號。如：

（√）「學」，甲本作「某」。「時」下，甲本有「某某」二字。「習」，乙、丁二本作「某」。

（×）「學而時習之」，甲本「學」作「某」，「時」下有「某某」二字，乙、丁二本「習」作「某」。

如果情况比較複雜，出文也可以爲全句，例如：

（√）「君子所居者皆化也」，邢本作「君子所居則化」。

（×）「者皆」，邢本作「則」。「也」，邢本無此字。

（三）所校勘之字在句中出現兩次者，出文當標明「上『某』字」或「下『某』字」；有兩字以上者，可連及上下文入出文。

（四）所校勘者爲一句時，出文爲整句。如此句較長，出文用「某某」至「某某」的格式；所校勘者爲多句時，亦用此格式。

（五）在説明篇目的存佚及位置移易等問題時，正文中的校記標號應標在篇名之下，校勘記不必標出文。

（六）理校並非《儒藏》校勘的重點。倘應用理校，指出某處有誤時，需使用「疑誤」、「恐非」等字樣；提出改字意見時，需使用「疑當作某」等字樣，並扼要説明理由。

貳　關於六十四卦卦名、爻名的標點

乾、坤、屯、蒙等卦名，在每卦卦首出現時，不加書名號，下加逗號，接排卦辭。初九、六二等爻名，亦不加書名號，下加逗號，接排爻辭。例如：

䷀乾，元亨利貞。初九，潛龍勿用。九二，見龍在田，利見大人。……

（見《周易》）

一般行文中，提及乾、坤、屯、蒙等卦

名，如果僅作爲卦名使用，亦不加書名號；如引用卦中文字時，須加書名號。例如：

《乾·彖傳》曰：「大明終始，六位時成。」《晉·彖傳》曰：「明出地上，順而麗乎大明。」離爲明，坤爲順，乾爲大明。坤麗乎乾成離，故曰「順而麗乎大明」。大謂乾，非謂離也。……（見惠士奇《易説》卷一）

一般行文中，提及爻名時，無論是作爲爻名使用還是引用其爻辭，都不加書名號。例如：

伏羲作易，分布六爻，以五爲君位，陰爲虚，陽爲實。故用九之義，乾之九二當升坤五，以坤虚無君，九二有君德，故升坤五。……（見惠棟《易例》卷上）

《乾》九二曰：「見龍在田，利見大人。」述曰：臨坤爲田，大人謂天子。陽始觸陰，當升坤五爲天子，故曰「見龍在田，利見大人」。……（見惠棟《易例》卷上）

叁　關於採用整理本的問題

《編纂條例》曾經規定：「儘量採用已有的好整理本。」在採用整理本時，校點者須將整理本改從《儒藏》體例，並將整理本與底本嚴格對校一遍。交稿時，須將整理本與底本複印件一起交上。

肆　關於底本中删略引文的引號標法及使用工作本的補充説明

一、删略引用不必標引得過於零碎

《〈儒藏〉（精華編）編纂條例》第伍款第

三條之(二)規定：「原原本本引用者及删略引用者，加冒號、引號，末尾引號内加句號、問號或嘆號。」這意味着删略引用，只需於其起止之處加標引號，而於中間節略之處不必再加標引號，以免使文意太過零碎、割裂，語意層次混亂，造成理解上的錯亂。

引用省略一兩個字者，例如：

此《論語》所謂「學而時習不亦説乎」者也。(假設例句，下同)

不必標作：

此《論語》所謂「學而時習」「不亦説乎」者也。

引文省略整句者，例如

《論語》曰：「學而時習之，不亦説乎？人不知而不愠，不亦君子乎？」

此雖少了中間一句「有朋自遠方來，不亦樂乎」，一般不必過分拘泥於原文，不必標作：

《論語》曰：「學而時習之，不亦説乎？」「人不知而不愠，不亦君子乎？」

二、關於工作本的使用

《〈儒藏〉〈精華編〉編纂條例》第貳款「底本、校本」第三條對工作本的使用有如下規定：「如果無法取得選定的善本(包括複印本)作爲底本，可以用比較易得的版本作工作本，按照善本過録在工作本上，改成與善本完全相同的本子作爲底本，然後進行校勘。」關於此規定，有三點補充説明：

(一) 除底本複製不到以外，其他諸如複製成本的高低(現在多數版本均可複製，複製費用最終由北京大學支付)、底本紙色過暗(通過技術處理可以解決)等因素都不構成使用工作本的充分條件。部類主編和校點者應儘量避免使用工作本，以保證從根本上降低錯誤率，減輕審稿和校對環節的負擔。

（二）確實複製不到底本，校點者決定使用工作本，必須事先通過書面形式（包括電子郵件）與中心溝通，取得中心認可後方可使用。使用工作本的情况儘管在「校點説明」中不必交代，但在交稿時仍然要有一個書面説明，以便於審稿工作的順利開展。

（三）工作本與底本相校差錯率不得超過萬分之一，否則中心即會退稿，由校點者重新校改。此點二〇〇七年十二月在深圳召開的「《儒藏》主編會議暨儒學國際學術研討會」上已經特別强調過。

《儒藏》精華編出版體例

壹　封面（包括書脊）、扉頁

一、有關責任者、責任方式的規定

（一）「朝代」項區分西漢東漢、西晉東晉、北宋南宋；凡小朝代前均冠以大時代之名，以中圓點作間隔，如［三國・魏］、［南朝・宋］、［五代・梁］等；多責任者的朝代可以承前省。

（二）「責任者姓名」倘屬佚名，則標爲「佚名」。

（三）「責任方式」項使用「撰」（注疏等多作者並列時用「注」、「疏」）、「輯」、「訂」等，不使用「著」、「注」等字。凡責任方式相同者，責任方式只出現在最後一個責任者後，之前的責任者之間用空格隔開。

例如《周易鄭注》的責任者及責任方式項爲：〔東漢〕鄭玄撰〔南宋〕王應麟撰集〔清〕丁杰後定 張惠言訂正。

二、有關校點者責任方式的規定

校點者姓名＋「校點」

三、有關「部、類、屬」、分册編號的標注規定

封面上必須標明「精華編」。書脊上必須標明本册所屬「××部、××類、××屬」及分册編號。

四、有關重大項目立項名稱及徽標的標注規定

扉頁之後單設一頁，標注「教育部哲學社會科學研究重大課題攻關項目」及「國家社會科學基金重大項目」等字樣。

貳　目録、校點説明、頁碼

一、「總目録」最後出版。

二、各册標册内總頁碼和種内頁碼兩種。

三、各册排册内總目録，顯示册内總頁碼；各書前排種内目録，顯示種内頁碼。

四、種内目録排在「校點説明」前，要列「校點説明」項；「校點説明」「目録」前不加書名；「校點説明」如果有作者署名和日期，置於「校點説明」之末。

叁　書口

單面標書名，雙面標卷次和與卷相當的内容提示，如經部書的篇名、集部書的文體等。

肆　名單頁

編委會名單只在目録册（卷首册）出現。其餘各册只列總編纂及該册主編名單。各册之後列該册審稿人及責任編委名單。

《儒藏》精華編審稿制度及工作流程

一、樣稿審讀

（一）爲了降低退稿率，校點者向編纂中心提交樣稿（可以通過部類主編，也可以直接提交）。編纂中心安排專人審讀，看底本選擇是否恰當，校點是否符合《〈儒藏〉精華編編纂條例》及《補充説明》。樣稿應包括「校點説明」和一至二卷含有校勘記的校點稿。具體要求見《〈儒藏〉精華編編纂條例》附「具體工作中以及交稿時應注意的問題」第四條。

（二）樣稿合格，中心通知部類主編，由部類主編通知校點者進行全書校點。

（三）樣稿不合格，中心將修改意見寄部類主編，由部類主編審閲後轉交校點者。如果樣稿問題比較簡單，不必重交樣稿，即可展開校點；如果問題比較複雜，需要重交樣稿。

二、校點者校點

校點者正式開始全書校點工作，其間有任何疑問，校點者應及早與部類主編及編纂中心溝通解決。

三、部類主編審讀全稿並簽章

（一）校點稿完成後，校點者向部類主編交稿。

（二）部類主編審讀全稿，對底本校本

的選擇、「校點説明」、標點、校記、補字描字改字、書寫等進行把關。

（三）部類主編審讀合格後，在稿件封面簽章並向中心交稿；部類主編審讀認爲不合格，向校點者退改。

四、中心收稿

中心收到部類主編審讀通過並簽章的稿子，建立審讀工作流程卡。

五、中心初審

（一）中心安排初審人對全稿進行初審。初審要求詳見《〈儒藏〉〈精華編〉校點稿初審細則》。

（二）稿件初審合格者，進入通審程序。

（三）初審問題較多者，中心通過部類主編向校點者退改。初審退改兩次，仍達不到要求者，中心通過部類主編向校點者退稿，另請校點者。

六、中心通審

（一）中心安排《儒藏》審稿專家組成員對全稿進行通審。通審要求詳見《〈儒藏〉〈精華編〉稿件通審、復審細則》。

（二）稿件通審合格者，中心向出版社發稿。

（三）稿件通審不合格者，中心通過部類主編向校點者退改。通審退改兩次，仍達不到要求者，中心通過部類主編向校點者退稿，並另請校點者。

七、出版社編輯和排校

（一）編輯通讀全稿，對稿件進行編輯加工（編輯認爲稿件不合格，也有權向中心退稿，流程從略）。

（二）編輯將編輯完畢的稿件發排，由校對科進行校對。

（三）三校之後，如編輯認爲三校樣合格，在三校樣封面上簽章，連同原稿送中心。

八、中心檢查三校樣

（一）中心對三校樣進行編校質量方面的抽校（抽校工作原則上由初審人承擔）。

（二）三校樣錯誤率低於萬分之一，進入復校復審程序。三校樣錯誤率高於萬分之一，中心退出版社再校。

九、校點者、通審人復校復審

（一）中心將原稿和三校樣寄校點者復校，校點者對審稿人和編輯的修改意見進行認定。倘校點者不接受修改，須形成書面意見，並反饋給中心。中心有最終決定權。

（二）中心將校點者復校過的校樣及校點者書面意見送通審人復審。復審要求詳見《〈儒藏〉（精華編）稿件通審、復審細則》。

十、審稿組負責人終審簽章

（一）完成復校復審的書稿，由中心安

排專人作出版前的全面檢查。

（二）審稿組負責人對檢查合格的書稿進行終審。終審合格，在流程卡上簽章。中心將終審通過的三校樣交出版社改紅出版，原稿中心存留，最終與三校樣存檔。

《儒藏》精華編部類主編審稿細則

一、收寄樣稿

爲了降低退稿率，中心要求校點者必須先提交樣稿，由各部類主編寄送中心。經中心審查合格後，再經由部類主編通知校點者展開校點。

二、稿件審讀

部類主編收到校點者完成的稿件後，需先對稿件進行審讀。具體要求如下：

（一）通觀全稿是否符合《儒藏》編纂體例。

（二）審讀校點説明，着重審查底本、校本選擇是否妥當。

（三）審閲校語，考察出校是否符合體例要求，按斷是否正確，並進行修改。

（四）抽查一至兩卷標點，遇錯則改。

（五）作出整體質量的判斷及評價，並寫出書面意見。

經審讀合格的稿件，由主編簽字，連同書面意見一起寄送中心。不合格的稿件則發還校點者進行修改。

三、退改審查

稿件由中心組織初審及通審，如需退還校點者修改，原則上通過部類主編轉交校點者。校點者修改完成後，主編應按照中心提供的退改意見進行審查，特别要注意檢查校點者是否按照修改意見全稿通改，然後將修改合格的稿件寄回中心，不合格者交校點者繼續修改。

《儒藏》精華編校點稿初審細則

一、通觀全稿是否符合《儒藏》編纂體例。

二、細審「校點説明」所應交代清楚的諸項内容是否全面、恰當：

（一）原書作者簡介、原書内容簡介、原書傳世版本源流系統情況。

（二）校勘底本、校本的選擇是否恰當（審查此項須參考中心提供的各書版本調查材料及原稿校記異文優劣情況）。

（三）版本的全稱是否完整準確，如：《四部叢刊》影印某某本，應標影印底本的名稱。校本擬定的簡稱是否簡明準確。

三、逐條詳審全書校記，着重考察異文出校及判斷是否恰當。

四、抽查標點。

五、作出整體質量的判斷及評價，分三級提出處理意見：

（一）符合體例要求，可進入通審。

（二）問題較多，退改。

（三）不合格，退稿。

六、以上各項内容寫出書面意見，並簽名。具體修改意見可以浮籤的方式在當頁標出。

《儒藏》精華編校點稿通審、復審細則

一、通審原稿（初審已通過的稿件）

（一）審讀校點説明，改定文字。

（二）審閲校記，判定出校是否符合體例要求，異文判斷是否正確，並進行修改。

（三）通審全稿標點與分段，遇錯則改。

（四）對稿件中需要統一的比較生僻與怪異的字，可以直接對稿件通改，也可以列出字表，請出版社通改。

以上諸項，通審專家有權對稿件直接修改，不必一一粘貼浮籤。修改稿件時，請使用別一顏色的筆。如發現稿件錯誤很多，可以通過中心退改。對於疑而未決的問題，可以另附一表，一一指出。

二、復審出版社三校校樣

通審過的稿件交出版社録排，並校對三遍。三校樣與原稿先寄校點者復校，校點者須對通審專家的修改意見進行認定。如不同意通審專家的修改意見，須説明原因。校點者復校後的三校樣，與原稿一起交通審專家復審。復審時着重審查以下兩項内容：

（一）審查通審時所修改的地方，校樣中有没有改正。

（二）處理校點人提出的不同意見。

《儒藏》精華編責任編委職責

責任編委制度是《儒藏》工程根據實際編纂工作需要確立的工作模式，它對保證《儒藏》的學術質量具有重要作用。責任編委主要負責從樣稿提交到出版成書的流程中各環節的統籌安排以及學術質量把關工作。責任編委負責的書稿以册爲單位，只要一册之中有一種稿件提交了樣稿，就確定這一册的責任編委，直到這一册出版，其工作才告結束。

責任編委的工作主要包括以下幾個方面：

一、校點者提交全稿後，由中心分配初審（有時由責任編委承擔），責任編委對初審意見進行復覈，並通看「校點説明」、校記，檢查初審部分的標點質量，以判定稿件是否進入通審或者退改、退稿。退改後再次提交的稿件仍然執行上述流程。

二、初審合格的稿件進入審稿組專家通審環節，通審後由責任編委對通審意見進行復覈，同時抽查至少两萬字的標點質量，以判定退改或發稿。如果發現通審環節問題較多，則指出其問題，並退通審人重審。

三、通審合格的稿件發出版社編校，出版社責任編輯對稿件中學術方面的任何疑問，都由責任編委與校點者及通審人共同解決。

四、編校後的校樣，在校點者復校、通審人復審、終檢人終檢的過程中，如有學術方面的問題，由責任編委與校點者及通審人共同解決。

五、終檢後的校樣交回出版社，改紅後由責任編輯完成核紅，責任編委對核紅樣全面通檢，協助責任編輯按照統一標準統計出該册内每種書的出版字數，並負責解決核片、看藍樣諸環節中出現的學術問題。

《儒藏》精華編總目

《儒藏》精華編總書目（全二八二册、五一〇種）

經部易類三十三種

册號	書名	著者	校點者
一	京氏易傳	〔西漢〕京房撰 〔三國·吴〕陸績注 〔明〕范欽訂	郭彧
	周易鄭注	〔東漢〕鄭玄撰 〔南宋〕王應麟撰集 〔清〕丁杰後定 〔清〕張惠言訂正	林忠軍
	漢魏二十一家易注	〔清〕孫堂撰	陳居淵
	周易注	〔三國·魏〕王弼 〔東晉〕韓康伯　撰	陳紹燕 王同印

續表

册號	書名	著者	校點者
二	周易正義	〔唐〕孔穎達等撰	趙榮波
	周易集解	〔唐〕李鼎祚撰	張文智
	周易口義	〔北宋〕胡瑗撰	陳京偉
三	易童子問（存目，見《歐陽脩全集》）	〔北宋〕歐陽脩撰	
	温公易説	〔北宋〕司馬光撰	劉保貞
	易説（存目，見《張載全集》）	〔北宋〕張載撰	
	伊川易傳（存目，見《二程全書》）	〔北宋〕程頤撰	
	漢上易傳	〔南宋〕朱震撰	梁韋弦
四	誠齋先生易傳	〔南宋〕楊萬里撰 〔南宋〕張敬之校正	梁韋弦
	易學啓蒙	〔南宋〕朱熹撰	王鐵
	周易本義	〔南宋〕朱熹集録	王鐵
	楊氏易傳	〔南宋〕楊簡撰	曾凡朝
五	易學啓蒙通釋	〔南宋〕胡方平撰	李秋麗
	周易本義附録纂註	〔元〕胡一桂撰	劉彬
	周易啓蒙翼傳	〔元〕胡一桂撰	李秋麗
	易纂言	〔元〕吴澄撰	王新春

續表

冊號	書名	著者	校點者
六	周易本義通釋	〔元〕胡炳文撰	劉彬
	易經蒙引	〔明〕蔡清撰	黎心平 高原
七	周易集注	〔明〕來知德撰	陳修亮 李吉東
	易學象數論	〔清〕黃宗羲撰	郭彧
	周易内傳	〔清〕王夫之撰	馬新欽
八	周易外傳	〔清〕王夫之撰	蕭漢明
	易圖明辨	〔清〕胡渭撰	劉保貞
	周易述	〔清〕惠棟撰	張濤 張緒峰 謝輝 孫世平
	周易述補	〔清〕江藩撰	王豐先
	周易述補	〔清〕李林松撰	王豐先
九	易漢學	〔清〕惠棟撰	陳修亮
	御纂周易折中	〔清〕李光地撰	劉震

續表

冊號	書名	著者	校點者
一〇	周易虞氏義	〔清〕張惠言撰	劉大鈞
	雕菰樓易學	〔清〕焦循撰	陳居淵
一一	周易集解纂疏	〔清〕李道平撰	韓慧英
	周易姚氏學	〔清〕姚配中撰	周玉山

經部書類二十六種

冊號	書名	著者	校點者
一二	尚書正義	〔西漢〕孔安國傳 〔唐〕孔穎達等正義	周粟
一三	鄭氏古文尚書	〔東漢〕鄭玄注 〔南宋〕王應麟輯 〔清〕李調元補正	曹書傑 原昊
	洪範口義	〔北宋〕胡瑗撰	曹書傑
	書傳	〔北宋〕蘇軾撰	夏保國
	書集傳	〔南宋〕蔡沈撰	嚴文儒

續表

冊號	書名	著者	校點者
一三	書疑	〔南宋〕王柏撰	曹書傑
	尚書表注	〔元〕金履祥撰	蘇勇
	書纂言	〔元〕吴澄撰	朱紅林
一四	尚書全解	〔南宋〕林之奇撰	劉建國 張華 李沁芳 姚曉娟
	尚書要義	〔南宋〕魏了翁撰	周粟 王鐵峰
一五	讀書叢説	〔元〕許謙撰	黄季鴻
	書傳大全	〔明〕胡廣等撰	孫希國 宫長爲
	尚書考異	〔明〕梅鷟撰	杜勇
一六	尚書引義	〔清〕王夫之撰	林榮 李岩
	尚書古文疏證	〔清〕閻若璩撰	陳劍

續表

册號	書名	著者	校點者
一六	古文尚書冤詞	〔清〕毛奇齡撰	張連良
	古文尚書攷	〔清〕惠棟撰	張彧彧 赫雅書
一七	尚書集注音疏	〔清〕江聲撰	曲文 徐陽
一八	尚書後案	〔清〕王鳴盛撰	顧寶田 劉連朋
一九	尚書今古文注疏	〔清〕孫星衍撰	孫德華
	書古微	〔清〕魏源撰	許兆昌 楊龍
二〇	尚書孔傳參正	〔清〕王先謙撰	何晉
二一	今文尚書考證	〔清〕皮錫瑞撰	曹書傑 朱僊林 楊棟 劉書惠
	尚書古文疏證辨正	〔清〕皮錫瑞撰	蘇勇

續表

冊號	書名	著者	校點者
二一	尚書大傳輯校	〔西漢〕伏勝撰 〔東漢〕鄭玄注 〔清〕陳壽祺輯校	曹書傑 楊棟 劉書惠
	尚書大傳疏證	〔西漢〕伏勝撰 〔東漢〕鄭玄注 〔清〕皮錫瑞疏證	曹書傑 谷穎

經部詩類二十一種

冊號	書名	著者	校點者
二二—二三	毛詩注疏	〔西漢〕毛亨傳 〔東漢〕鄭玄箋 〔唐〕陸德明音義 孔穎達疏	鄭傑文 孔德凌

續表

冊號	書名	著者	校點者
二四	詩本義	〔北宋〕歐陽脩撰	劉心明 楊紀榮
	詩集傳	〔北宋〕蘇轍撰	王承略 馬小方
	詩集傳	〔南宋〕朱熹撰	朱傑人
二五	呂氏家塾讀詩記	〔南宋〕呂祖謙撰	王承略 陳錦春 程穎穎
	慈湖詩傳	〔南宋〕楊簡撰	王承略 陳錦春 王正一 張春珍
二六	毛詩草木鳥獸蟲魚疏	〔三國·吳〕陸璣撰 〔清〕丁晏校正	陳錦春 邢心
	毛詩草木鳥獸蟲魚疏廣要	〔明〕毛晉撰	朱新林 劉心明

續表

册號	書名	著者	校點者
二六	詩地理考	〔南宋〕王應麟撰	莊大鈞 石玉
	詩古微	〔清〕魏源撰	莊大鈞 石玉 曹秋月
二七—二八	詩經世本古義	〔明〕何楷撰	李士彪 张丹丹
二九	詩廣傳	〔清〕王夫之撰	莊大鈞 王震
	毛詩稽古編	〔清〕陳啓源撰	王承略 馬小方
	毛詩説	〔清〕莊存與撰	陳錦春 徐美珍
三〇—三一	毛詩後箋	〔清〕胡承珙撰	莊大鈞 石静 續曉瓊校點 陳新審定

續表

冊號	書名	著者	校點者
三二	毛詩傳箋通釋	〔清〕馬瑞辰撰	莊大鈞 吕莎莎 林琳
三三—三四	詩毛氏傳疏	〔清〕陳奐撰	王承略 陳錦春
三五	詩經通論	〔清〕姚際恒撰	趙睿才
	詩經原始	〔清〕方玉潤撰	鞏曰國
三六	詩三家義集疏	〔清〕王先謙撰	王承略 陳錦春 陳金麗 張緒峰
	韓詩外傳	〔西漢〕韓嬰撰	莊大鈞 王長紅 王緒福 李林

經部禮類周禮之屬三種

冊號	書名	著者	校點者
三七—三八	周禮疏	〔東漢〕鄭玄注 〔唐〕賈公彥疏	彭林
	周官新義	〔北宋〕王安石撰	殷嬰寧
三九—四一	周禮正義	〔清〕孫詒讓撰	王文錦 陳玉霞 喬秀岩

經部禮類儀禮之屬八種

冊號	書名	著者	校點者
四二—四三	儀禮注疏	〔東漢〕鄭玄注 〔唐〕賈公彥疏	彭林
四四	儀禮集釋	〔南宋〕李如圭撰	楊華 李志剛

續表

冊號	書名	著者	校點者
四四	儀禮圖	〔南宋〕楊復撰	馬延輝
四五	儀禮集説	〔元〕敖繼公撰	曹建墩
	儀禮喪服文足徵記	〔清〕程瑶田撰	徐到穩
四六	儀禮鄭註句讀	〔清〕張爾岐撰	張濤
	儀禮章句	〔清〕吴廷華撰	徐到穩
四七—四八	儀禮正義	〔清〕胡培翬撰 胡肇昕　楊大堉補	張文 徐到穩 殷嬰寧

經部禮類禮記之屬七種

冊號	書名	著者	校點者
四九—五一	禮記正義	〔東漢〕鄭玄注 〔唐〕孔穎達疏	吕友仁
五二—五四	禮記集説	〔南宋〕衛湜撰	毛遠明
五五	禮記集説	〔元〕陳澔撰	虎維鐸

續表

冊號	書名	著者	校點者
五五	大戴禮記	〔西漢〕戴德撰 〔北周〕盧辯注	張顯成
	大戴禮記補注	〔清〕孔廣森撰	胥洪泉
	大戴禮記解詁	〔清〕王聘珍撰	章紅梅
五六—五七	禮記集解	〔清〕孫希旦撰	何錫光

經部禮類通禮之屬六種

冊號	書名	著者	校點者
五八	禮書	〔北宋〕陳祥道撰	楊天宇 梁錫鋒
五九—六一	儀禮經傳通解	〔南宋〕朱熹 黃榦撰	王貽樑 徐德明
六二—七〇	五禮通考	〔清〕秦蕙田撰	呂友仁 張煥君 曹建墩

續表

冊號	書名	著者	校點者
七一—七二	禮書通故	〔清〕黄以周撰	王文錦 馬清源 喬秀岩

經部禮類雜禮之屬二種

冊號	書名	著者	校點者
七三	禮經釋例	〔清〕凌廷堪撰	彭林
	禮經學	〔清〕曹元弼撰	周洪
	司馬氏書儀	〔北宋〕司馬光撰	張焕君
	家禮	〔南宋〕朱熹撰	王燕均 王光照

經部春秋類左傳之屬九種

册號	書名	著者	校點者
七四—七五	春秋左傳正義	〔西晉〕杜預注 〔唐〕孔穎達疏	浦衛忠
七六	左氏傳説	〔南宋〕吕祖謙撰	馮會明
	左氏傳續説	〔南宋〕吕祖謙撰	孫剛
	左傳杜解補正	〔清〕顧炎武撰	吴明松
	春秋左氏傳賈服注輯述	〔清〕李貽德撰	徐公喜
七七—七九	春秋大事表	〔清〕顧棟高撰	崔冠華
八〇	春秋左傳詁	〔清〕洪亮吉撰	李解民 吕東超
八一—八二	春秋左氏傳舊注疏證	〔清〕劉文淇等撰	李君龍 王振華 班龍門 李曉明

續表

册號	書名	著者	校點者
八三	春秋左傳讀	〔民國〕章炳麟撰	田訪　吴冰妮　沙志利

經部春秋類公羊傳之屬五種

册號	書名	著者	校點者
八四	春秋公羊傳注疏	〔東漢〕何休注　〔唐〕徐彦疏	浦衛忠
八五	春秋公羊經傳通義	〔清〕孔廣森撰	崔冠華
八五	春秋公羊經何氏釋例	〔清〕劉逢禄撰	鄭任釗
八五	何氏公羊解詁三十論	〔清〕廖平撰	鄭任釗
八六—八八	公羊義疏	〔清〕陳立著	駢宇騫　崔高維

經部春秋類穀梁傳之屬二種

册號	書名	著者	校點者
八九	春秋穀梁傳注疏	〔東晉〕范甯集解 〔唐〕楊士勛疏	浦衛忠
	春秋穀梁經傳補注	〔清〕鍾文烝撰	駢宇騫 駢驊

經部春秋類春秋總義之屬九種

册號	書名	著者	校點者
九〇	春秋集傳纂例	〔唐〕陸淳撰	崔冠華
	春秋權衡	〔北宋〕劉敞撰	孔天祥
	春秋集注	〔南宋〕張洽撰	龔抗雲
九一	春秋經解	〔北宋〕孫覺撰	吴仰湘
	春秋傳	〔南宋〕胡安國著	鄭任釗

續表

冊號	書名	著者	校點者
九二	春秋尊王發微	〔北宋〕孫復撰	方韜
	春秋本義	〔元〕程端學撰	錢永生 吴志堅
	春秋集傳	〔元〕趙汸撰	錢永生
九三—九四	春秋集傳大全	〔明〕胡廣 楊榮等編撰	吴長庚 蘇敏 管正平 曹義昆 周茶仙 龍飛

經部春秋類附録二種

册號	書名	著者	校點者
九五	春秋繁露	〔西漢〕董仲舒撰	鍾肇鵬 周桂鈿 張世亮
	春秋繁露義證	〔清〕蘇輿撰	李有梁

經部孝經類四種

册號	書名	著者	校點者
九六	孝經注疏	〔唐〕玄宗李隆基注 〔北宋〕邢昺疏	趙四方
	孝經注解	〔唐〕玄宗李隆基注 〔北宋〕司馬光指解 〔北宋〕范祖禹説	趙四方 井良俊
	孝經大全	〔明〕呂維祺撰	陳居淵

續表

冊號	書名	著者	校點者
九六	孝經鄭注疏	〔清〕皮錫瑞撰	張榮華

經部群經總義類十種

冊號	書名	著者	校點者
九六	白虎通德論	〔東漢〕班固撰	胡春麗
	七經小傳	〔北宋〕劉敞撰	楊韶蓉
	九經古義	〔清〕惠棟撰	鄧志峰
九七	經典釋文	〔唐〕陸德明撰	張旭輝
九八—一〇〇	十三經注疏校勘記	〔清〕阮元總纂	劉玉才總校點 張學謙 王耐剛 王勇 袁媛 劉斌

續表

册號	書名	著者	校點者
九八—一〇〇	十三經注疏校勘記	〔清〕阮元總纂	唐田恬 張文 于天寶 薛可等分校點
一〇一	經義述聞	〔清〕王引之撰	胡春麗
一〇二	群經平議	〔清〕俞樾撰	張鈺翰
一〇三	經學通論	〔清〕皮錫瑞撰	金曉東
	經學歷史	〔清〕皮錫瑞撰	袁雯君
	新學僞經考	〔清〕康有爲撰	傅翀

經部四書類學庸之屬二種

册號	書名	著者	校點者
一〇四	中庸輯略	〔南宋〕石𡼏編 朱熹删訂	嚴佐之

續表

册號	書名	著者	校點者
一〇四	大學古本旁注(存目,見《王文成公全書》)	〔明〕王守仁撰	

經部四書類論語之屬九種

册號	書名	著者	校點者
一〇四	論語集解	〔三國·魏〕何晏撰	孫欽善
	論語義疏	〔南朝·梁〕皇侃撰	陳蘇鎮 李暢然 李中華 張學智 王博 吴榮曾
	論語註疏	〔北宋〕邢昺撰	陳新校勘 沙志利標點

續表

册號	書名	著者	校點者
一〇五	論語全解	〔北宋〕陳祥道撰	劉薔 姜海軍校點 陳新審定
	癸巳論語解（存目，見《張栻全集》）	〔南宋〕張栻撰	
	論語學案	〔明〕劉宗周撰 〔清〕門人董瑒編次	吴光
	論語説義	〔清〕宋翔鳳撰	甘祥滿 周鋒利
	論語注	〔清〕康有爲撰	王守常
一〇六	論語正義	〔清〕劉寶楠撰 〔清〕劉恭冕補	劉宗永

經部四書類孟子之屬五種

冊號	書名	著者	校點者
一〇七	孟子注疏	〔東漢〕趙岐注 （題）〔北宋〕孫奭疏	劉豐
	孟子章句	〔東漢〕劉熙撰	劉豐
	癸巳孟子説（存目，見《張栻全集》）	〔南宋〕張栻撰	
	孟子字義疏證	〔清〕戴震撰	高海波
一〇八	孟子正義	〔清〕焦循撰	王小婷

經部四書類四書總義之屬十六種

冊號	書名	著者	校點者
一〇九	論孟精義	〔南宋〕朱熹輯撰	林嵩 黄珅

續表

册號	書名	著者	校點者
一一〇	四書章句集注	〔南宋〕朱熹撰	徐德明
	四書或問	〔南宋〕朱熹撰	黄珅
一一一	四書集編	〔南宋〕真德秀撰	陳静
一一二—一一三	四書纂疏	〔南宋〕趙順孫撰	陳静
一一四—一一五	四書集註大全	〔明〕胡廣等編撰	李暢然
一一六	四書蒙引	〔明〕蔡清撰	李存山 高海波 陳明
一一七	四書近指	〔清〕孫奇逢撰	馬曉英
	讀四書大全説	〔清〕王夫之撰	劉豐
一一八—一一九	四書訓義	〔清〕王夫之撰	任蜜林
一二〇	四書賸言	〔清〕毛奇齡撰	谷建
	四書改錯	〔清〕毛奇齡撰	谷建
	四書反身録（存目，見《二曲集》）	〔清〕李顒撰	
	四書講義	〔清〕吕留良撰	田久川
	四書説	〔清〕莊存與撰	田久川

續表

册號	書名	著者	校點者
一一二一—一一二三	三魚堂四書大全	〔清〕陸隴其撰	馬曉英 徐麗麗 陳静 陳明

經部小學類爾雅之屬四種

册號	書名	著者	校點者
一一二四	爾雅注疏	〔東晉〕郭璞注 〔北宋〕邢昺疏	顧寶田 杜苹苹
	爾雅正義	〔清〕邵晉涵撰	張固也 蔡宏
一一二五	爾雅義疏	〔清〕郝懿行撰	顧寶田 薛洪勣 朱紅林
一一二六	廣雅疏證	〔清〕王念孫撰	郎震

經部小學類説文之屬二種

册號	書名	著者	校點者
一一七	説文解字	〔漢〕許慎撰	韓鋼
一一八—一一九	説文解字注	〔清〕段玉裁撰	韓峥嶸

經部讖緯類二種

册號	書名	著者	校點者
一三〇	七緯	〔清〕趙在翰撰	鄭傑文 李梅訓
一三一	通緯逸書考	〔清〕黄奭撰	鄭傑文 李梅訓

史部編年類二種

册號	書名	著者	校點者
一三二—一三五	資治通鑑綱目	〔南宋〕朱熹撰	嚴文儒 顧宏義 張鵬 孫啓華
一三六	續資治通鑑綱目	〔明〕商輅等撰	邵育欣 李淑慧 張素霞校點 張希清覆校

史部别史類一種

册號	書名	著者	校點者
一三七	逸周書	〔西晉〕孔晁注	黄懷信

史部雜史類二種

册號	書名	著者	校點者
一三七	國語正義	〔清〕董增齡撰	金曉東
	貞觀政要	〔唐〕吴兢撰	謝保成

史部詔令奏議類二種

册號	書名	著者	校點者
一三八—一四七	歷代名臣奏議	〔明〕黄淮 楊士奇等編	張希清 張衍田 董文静 王鵬 劉永强 汪允普 劉怡宏
一四八	御選明臣奏議	〔清〕高宗弘曆敕輯	張兆裕

史部傳記類名人之屬十六種

册號	書名	著者	校點者
一四九	孔子編年	〔清〕狄子奇撰	閆春新
	孟子編年	〔清〕狄子奇撰	王安安
	韓柳年譜	〔北宋〕吕大防撰 〔南宋〕文安禮撰	宋學立
	司馬太師温國文正公年譜	〔清〕顧棟高撰	岳珍
	張子年譜	〔清〕武澄撰	宋學立
	王荆公年譜考略	〔清〕蔡上翔撰	岳珍 劉真倫
一五〇	朱子年譜	〔清〕王懋竑撰	顧宏義
	陳文節公年譜	〔清〕孫鏘鳴撰	楊新勛
	象山先生年譜（存目，見《象山先生全集》）	〔南宋〕李子願輯	
	慈湖先生年譜	〔清〕馮可鏞　葉意深撰	楊新勛

續表

冊號	書名	著者	校點者
一五〇	宋仁山金先生年譜	〔明〕徐袍撰	宋學立
	高忠憲公年譜	〔明〕華允誠編撰	高山
	黄梨洲先生年譜	〔清〕黄炳垕撰	李瀋陽
	顧亭林先生年譜	〔清〕張穆撰	王傳龍
	陸稼書先生年譜定本	〔清〕吴光酉編	劉韶軍
	戴東原先生年譜（存目，見《戴東原集》）	〔清〕段玉裁編	

史部傳記類總録之屬二十六種

冊號	書名	著者	校點者
一五一	宋名臣言行録	〔南宋〕朱熹　李幼武輯	李偉國
一五二	伊洛淵源録	〔南宋〕朱熹撰	戴揚本
	道命録	〔南宋〕李心傳撰	袁良勇

續表

册號	書名	著者	校點者
一五二	考亭淵源録	〔明〕宋端儀撰 〔明〕薛應旂重輯	彭榮
一五三	道南源委	〔明〕朱衡撰 〔清〕張伯行重訂	李勤合
	聖學宗傳	〔明〕周汝登撰	陳虎
一五四	元儒考略	〔明〕馮從吾編	王敬松
	關學編（存目，見《馮少墟集》）	〔明〕馮從吾撰	
	理學宗傳	〔清〕孫奇逢撰	劉韶軍
一五五—一五六	明儒學案	〔清〕黄宗羲撰	王國軒 王秀梅
一五七—一五九	宋元學案	〔清〕黄宗羲原著 〔清〕全祖望等補修	岳珍 劉真倫
一六〇	四先生年譜	〔清〕毛念恃编	李濬陽
	洛學編	〔清〕湯斌撰	鄭連聰
	孔子弟子考（存目，見《曝書亭集》）	〔清〕朱彝尊撰	

續表

冊號	書名	著者	校點者
一六〇	儒林宗派	〔清〕萬斯同撰	李勤合
	程子年譜	〔清〕池生春　諸星杓撰	姜海軍
	學統	〔清〕熊賜履撰	劉韶軍
一六一	伊洛淵源續録	〔清〕張伯行撰	甘祥滿
	豫章先賢九家年譜	〔清〕楊希閔編	王瑞來
一六二	閩中理學淵源考	〔清〕李清馥撰	陳秉才
一六三	洙泗考信録	〔清〕崔述撰	賈德永　樊東
	洙泗考信餘録	〔清〕崔述撰	郎震
	孟子事實録	〔清〕崔述撰	郎震
	國朝漢學師承記	〔清〕江藩撰	漆永祥
	國朝宋學淵源記	〔清〕江藩撰	漆永祥
一六四—一七二	清儒學案	〔民國〕徐世昌纂	李暢然　張麗娟　王豐先　沙志利

史部職官類一種

册號	書名	著者	校點者
一七三	三事忠告	〔元〕張養浩撰	李修生

史部目録類一種

册號	書名	著者	校點者
一七三—一七六	經義考	〔清〕朱彝尊撰	李峻岫 谷建 葉純芳 張文

史部史評類五種

册號	書名	著者	校點者
一七七	史通	〔唐〕劉知幾撰	羅炳良

續表

册號	書名	著者	校點者
一七七	宋論	〔清〕王夫之撰	楊堅
一七七	文史通義	〔清〕章學誠撰	武玉梅
一七八	讀通鑑論	〔清〕王夫之撰	李暢然
一七九	廿二史劄記	〔清〕趙翼撰	王敬松

子部周秦諸子類儒家之屬四種

册號	書名	著者	校點者
一八〇	孔子家語	〔三國·魏〕王肅注	張樹業 王秀江
	孔子集語	〔清〕孫星衍輯	楊琪
	曾子注釋	〔清〕阮元撰	王菊英 趙建功
	荀子集解	〔唐〕楊倞注 〔清〕王先謙集解	包遵信

子部儒學類經濟之屬二十一種

册號	書名	著者	校點者
一八一	孔叢子	〔秦〕孔鮒撰 〔北宋〕宋咸注	楊軍
	新語	〔西漢〕陸賈撰	殷偉仁
	新書	〔西漢〕賈誼撰	嚴佐之
	鹽鐵論	〔西漢〕桓寬撰	竇炎國
	新序	〔西漢〕劉向撰	戈春源
	説苑	〔西漢〕劉向撰	朱蘇南
一八二	太玄經	〔西漢〕揚雄撰 〔西晉〕范望注	楊軍
	揚子法言	〔西漢〕揚雄撰 〔北宋〕司馬光集注	師爲公
	桓譚新論	〔東漢〕桓譚撰	朱謙之校輯
	潛夫論	〔東漢〕王符撰	朱蘇南
	論衡	〔東漢〕王充撰	李先耕

續表

册號	書名	著者	校點者
一八二	申鑒	〔東漢〕荀悦撰 〔明〕黄省曾注	丁國祥
	昌言	〔東漢〕仲長統撰	蘇曉威
	傅子	〔西晉〕傅玄撰 〔清〕錢保塘輯	楊軍
	中説	〔隋〕王通撰 〔北宋〕阮逸注	師爲公
一八三	大學衍義	〔南宋〕真德秀撰	李尚全
	明夷待訪録	〔清〕黄宗羲撰	楊軍
	黄書	〔清〕王夫之撰	聶士全
	顔氏學記	〔清〕戴望撰	王雄
	校邠廬抗議	〔清〕馮桂芬撰	戴揚本
一八四—一八五	大學衍義補	〔明〕丘濬撰	楊軍 戈春源

子部儒學類性理之屬四十種

册號	書名	著者	校點者
一八六	太極圖説解	〔南宋〕朱熹撰	黄珅
	太極圖説述解（存目，見《曹月川先生遺書》）	〔明〕曹端撰	
	通書注	〔北宋〕周敦頤撰 〔南宋〕朱熹注	劉永翔 許丹
	西銘解	〔北宋〕張載撰 〔南宋〕朱熹解義	朱傑人
	張子正蒙注	〔清〕王夫之撰	夏劍欽
	上蔡語録	〔北宋〕謝良佐撰 〔南宋〕朱熹輯	嚴文儒
	延平答問	〔南宋〕李侗撰 〔南宋〕朱熹編	嚴佐之
	近思録	〔南宋〕朱熹 吕祖謙編著	劉永翔 嚴佐之

續表

册號	書名	著者	校點者
一八六	近思録集註	〔清〕江永撰	嚴佐之
一八七—一八九	朱子語類	〔南宋〕黎靖德編	鄭明 莊輝明
一九〇	龜山先生語録	〔北宋〕楊時撰	潘佳 殷小勇
	崇正辯	〔南宋〕胡寅撰	付長珍
	胡子知言	〔南宋〕胡宏撰	楊柱才
	北溪先生字義附嚴陵講義	〔南宋〕陳淳撰	張加才
	木鐘集	〔南宋〕陳埴撰	史應勇
一九一	西山先生真文忠公讀書記	〔南宋〕真德秀撰	王傳龍
一九二—一九三	性理大全書	〔明〕胡廣等撰	程林 彭榮
一九四	曹月川先生語録	〔明〕曹端撰 趙邦清輯	董平
	讀書録	〔明〕薛瑄撰	許雪濤

續表

册號	書名	著者	校點者
一九四	居業録	〔明〕胡居仁撰	李長春
	道一編	〔明〕程敏政撰	趙宏宇
	困知記	〔明〕羅欽順撰	劉美紅
	涇野子内篇	〔明〕吕柟撰	周春健
	心齋約言	〔明〕王艮撰	張豐乾
	説理會編	〔明〕季本撰	陳憲猷
一九五	學蔀通辨	〔明〕陳建撰	張永義
	龍溪會語	〔明〕王畿撰	張衛紅
	盱壇直詮	〔明〕羅汝芳撰	陳暢
	呻吟語	〔明〕吕坤撰	王國軒 王秀梅
	東林書院會語（存目，見《高子遺書》）	〔明〕高攀龍撰	
	榕壇問業	〔明〕黄道周撰	陳憲猷
	夏峰先生語録（存目，見《夏峰先生集》）	〔清〕孫奇逢撰	

續表

册號	書名	著者	校點者
一九六	思辨録輯要	〔清〕陸世儀撰	景海峰
	思問録	〔清〕王夫之撰	游建西
	王學質疑	〔清〕張烈撰	黎業明
	松陽鈔存	〔清〕陸隴其撰	楊東林
	學術辨	〔清〕陸隴其撰	楊東林
	問學録	〔清〕陸隴其撰	楊東林
	榕村語録	〔清〕李光地撰	段書偉
	漢學商兑	〔清〕方東樹撰	問永寧

子部儒學類禮教之屬十一種

册號	書名	著者	校點者
一九七	女誡	〔東漢〕班昭撰	王雪華
	顏氏家訓	〔北齊〕顏之推撰	張艷國 温樂平

續表

册號	書名	著者	校點者
一九七	家範	〔宋〕司馬光撰	萬義廣 李倩 温樂平
	吕氏鄉約（存目，見《藍田吕氏遺著輯校》）	〔北宋〕吕大鈞撰	
	童蒙訓	〔宋〕吕本中撰	萬義廣
	小學集註	〔南宋〕朱熹 劉清之撰 〔明〕陳選集註	王燕均
	童蒙須知	〔南宋〕朱熹撰	嚴文儒
	增訂發蒙三字經	〔南宋〕王應麟撰 〔清〕許印芳增訂	萬義廣
	弟子規	〔清〕李毓秀撰	王雪華
	曾文正公家訓	〔清〕曾國藩撰	黄長義
	勸學篇	〔清〕張之洞著	馮天瑜 王雪華

子部雜學類雜論之屬三種

册號	書名	著者	校點者
一九八	人物志	〔三國·魏〕劉邵撰 〔西涼〕劉昞注	甘祥滿 尹小林
	劉子	〔北齊〕劉晝撰 〔唐〕袁孝政注	汪雙琴
	仁學	〔清〕譚嗣同撰	田樹生

子部雜學類雜説之屬一種

册號	書名	著者	校點者
一九八	風俗通義	〔東漢〕應劭撰	邱少華

子部雜學類雜考之屬五種

册號	書名	著者	校點者
一九八	習學記言序目	〔南宋〕葉適撰	程海礁
一九九	困學紀聞	〔南宋〕王應麟撰	孫通海
	十駕齋養新録	〔清〕錢大昕撰	李光輝
二〇〇—二〇一	日知録集釋	〔清〕顧炎武撰 〔清〕黄汝成集釋	欒保群
	東塾讀書記	〔清〕陳澧撰	田樹生

集部漢至五代八種

册號	書名	著者	校點者
二〇二	董仲舒集	〔西漢〕董仲舒撰	崔娟
	揚子雲集	〔西漢〕揚雄撰	隋思喜
	蔡中郎集	〔東漢〕蔡邕撰	王傳龍

續表

冊號	書名	著者	校點者
二〇二	唐陸宣公集	〔唐〕陸贄撰	王素
	昌黎先生集	〔唐〕韓愈撰	張煜
	李文公集	〔唐〕李翱撰	郝潤華
二〇三	劉夢得文集	〔唐〕劉禹錫撰	李志强
	河東先生集	〔唐〕柳宗元撰	張勇

集部北宋二十二種

冊號	書名	著者	校點者
二〇四	范仲淹集	〔北宋〕范仲淹撰	王瑞來
二〇五	孫明復先生小集	〔北宋〕孫復撰	陳俊民
	徂徠石先生全集	〔北宋〕石介撰	丁國祥
	直講李先生文集	〔北宋〕李覯撰	王國軒
二〇六—二〇八	歐陽脩全集	〔北宋〕歐陽脩撰	李逸安
二〇九	伊川擊壤集	〔北宋〕邵雍撰	陳俊民

續表

册號	書名	著者	校點者
二〇九	元公周先生濂溪集	〔北宋〕周敦頤撰	陳俊民 肖發榮
	張載全集	〔北宋〕張載撰	陳俊民
二一〇	温國文正公文集	〔北宋〕司馬光撰	何清谷
二一一	臨川先生文集	〔北宋〕王安石撰	李劍雄
二一二—二一三	二程全書	〔北宋〕程顥　程頤撰	姜海軍
二一四—二一六	蘇軾文集	〔北宋〕蘇軾撰	孔凡禮
二一七	公是集	〔北宋〕劉敞撰	黄壽成
二一八	蘇轍集	〔北宋〕蘇轍撰	薛志霞 楊軍
二一九	太史范公文集	〔北宋〕范祖禹撰	賈二强 高葉青 焦傑
二二〇	藍田吕氏遺著輯校	〔北宋〕吕大臨等撰	陳俊民輯校
	浮沚集	〔北宋〕周行己撰	陳俊民

續表

冊號	書名	著者	校點者
二二二一	游定夫先生集	〔北宋〕游酢撰	景新强
	龜山先生全集	〔宋〕楊時撰	李明友
	和靖尹先生文集	〔宋〕尹焞撰	周生春 吴永明 孔祥來
	豫章羅先生文集	〔宋〕羅從彥撰	韓星
二二二二	梁溪先生文集	〔宋〕李綱撰	阮堂明 孫虎 龐正梁 楊軍

集部南宋二十四種

冊號	書名	著者	校點者
二二二三	斐然集	〔南宋〕胡寅撰	陳曉蘭

續表

册號	書名	著者	校點者
二一二三	五峰集	〔南宋〕胡宏撰	王玉德 班龍門
	岳少保忠武王集	〔南宋〕岳飛撰 〔明〕陳繼儒輯 〔明〕單恂訂	王玉德 田君
二一二四	梅溪先生文集	〔南宋〕王十朋撰	董恩林 王瓊
	文定集	〔南宋〕汪應辰撰	石瑊
二一二五	浪語集	〔南宋〕薛季宣撰	黄尚明
	渭南文集	〔南宋〕陸游撰	劉韶軍
二一二六—二一二七	誠齋集	〔南宋〕楊万里撰	吕東超
二一二八—二一三二	晦庵先生朱文公文集	〔南宋〕朱熹撰	劉永翔 朱幼文 徐德明 王鐵 戴揚本 曾抗美

續表

冊號	書名	著者	校點者
二三三	張栻全集	〔南宋〕張栻撰	姚偉鈞 涂耀威 喻峰
二三四	舒文靖公類稿	〔南宋〕舒璘撰	王玉德 李笑瑩
	東萊呂太史集	〔南宋〕呂祖謙撰	鄧玲 楊疾超
	止齋先生文集	〔南宋〕陳傅良撰	楊新勛
二三五—二三六	攻媿先生文集	〔南宋〕樓鑰撰	張麗娟
二三七	象山先生全集	〔南宋〕陸九淵撰	王武子
	慈湖遺書	〔南宋〕楊簡撰	劉固盛
二三八	陳亮集	〔南宋〕陳亮撰	鄧廣銘
	絜齋集	〔南宋〕袁燮撰	王瑞明
二三九	水心先生文集	〔南宋〕葉適撰	譚漢生
	文山先生文集	〔南宋〕文天祥撰	王玉德 李文濤

續表

册號	書名	著者	校點者
二四〇	勉齋先生黄文肅公文集	〔南宋〕黄榦撰	周國林
	北溪先生大全文集	〔南宋〕陳淳撰	張加才
二四一	西山先生真文忠公文集	〔南宋〕真德秀撰	丁毅華 吴冰妮
二四二—二四三	鶴山先生大全文集	〔南宋〕魏了翁撰	張全明

集部金元十二種

册號	書名	著者	校點者
二四四	閑閑老人滏水文集	〔金〕趙秉文撰	魏崇武 劉暢
	滹南王先生文集	〔金〕王若虛撰	魏崇武
	遺山先生文集	〔金〕元好問撰	張文澍
	許文正公遺書	〔元〕許衡撰	許紅霞

續表

册號	書名	著者	校點者
二四五	郝文忠公陵川文集	〔元〕郝經撰	丘居里 趙文友
	仁山金先生文集	〔元〕金履祥撰	張文澍
	静修劉先生文集	〔元〕劉因撰	丘居里 趙文友
	雲峰胡先生文集	〔元〕胡炳文撰	韓格平
	許白雲先生文集	〔元〕許謙撰	李鳴
二四六	吴文正集	〔元〕吴澄撰	李軍
二四七	道園學古録 道園遺稿	〔元〕虞集撰	龍德壽
	師山先生文集	〔元〕鄭玉撰	李鳴

集部明三十一種

册號	書名	著者	校點者
二四八—二四九	宋文憲公全集	〔明〕宋濂撰	徐儒宗

續表

冊號	書名	著者	校點者
二五〇	遜志齋集	〔明〕方孝孺撰	張樹旺
二五一	曹月川先生遺書	〔明〕曹端撰	董平　隋金波
	敬軒薛先生文集	〔明〕薛瑄撰	何善蒙
	康齋先生文集	〔明〕吴與弼撰	宮雲維
二五二	白沙子全集	〔明〕陳獻章撰	孫通海
	敬齋集	〔明〕胡居仁撰	董平
二五三	整庵先生存稿	〔明〕羅欽順撰	胡發貴
	甘泉先生文集	〔明〕湛若水撰	董平
二五四—二五五	王文成公全書	〔明〕王守仁撰	吴光　錢明　董平　姚延福
二五六	王廷相全集	〔明〕王廷相撰	范立舟
二五七	涇野先生文集	〔明〕吕柟撰	陳俊民

續表

册號	書名	著者	校點者
二五八	重鐫心齋王先生全集	〔明〕王艮撰	沙志利
	雙江聶先生文集	〔明〕聶豹撰	王傳龍
二五九	東廓鄒先生文集	〔明〕鄒守益撰	董平
	龍溪王先生全集	〔明〕王畿撰	吴震
二六〇	歐陽南野先生文集	〔明〕歐陽德撰	王傳龍
	念菴羅先生文集	〔明〕羅洪先撰	徐儒宗
二六一	顔山農先生遺集	〔明〕顔鈞撰	黄宣民
	何心隱先生爨桐集	〔明〕何心隱撰	容肇祖
	近溪羅子全集	〔明〕羅汝芳撰	方祖猷 梁一群 李開升 劉雲
二六二	正學堂稿	〔明〕李材撰	劉經富
	耿天臺先生文集	〔明〕耿定向撰	胡正武

續表

册號	書名	著者	校點者
二六三	友慶堂合稿	〔明〕王時槐撰	錢明
	敬和堂集	〔明〕許孚遠撰	張琴
	吕新吾先生文集	〔明〕吕坤撰	李明友
二六四	周海門先生文録	〔明〕周汝登撰	張夢新
	涇皋藏稿	〔明〕顧憲成撰	董平 陳瑞新
	馮少墟集	〔明〕馮從吾撰	陳俊民
二六五	高子遺書	〔明〕高攀龍撰	董平 柴可輔
	劉蕺山先生集	〔明〕劉宗周撰	秦峰

集部清三十種

册號	書名	著者	校點者
二六六	夏峰先生集	〔清〕孫奇逢撰	朱茂漢

續表

册號	書名	著者	校點者
二六六	霜紅龕集	〔清〕傅山撰	王薇
二六七	乾初先生遺集	〔清〕陳確撰	朱茂漢
二六八	南雷文定　南雷文定五集	〔清〕黄宗羲撰	吴光　平慧善
	桴亭先生文集	〔清〕陸世儀撰	趙友林
二六九	楊園先生詩文集	〔清〕張履祥撰	張淑紅
二七〇	亭林詩文集	〔清〕顧炎武撰	劉永翔　唐玲
	薑齋文集	〔清〕王夫之撰	吴振清
	二曲集	〔清〕李顒撰	陳俊民
二七一—二七二	西河文集	〔清〕毛奇齡撰	閻寶明　趙友林　馬麗麗
二七三	曝書亭集	〔清〕朱彝尊撰	王力平

續表

册號	書名	著者	校點者
二七四	三魚堂集	〔清〕陸隴其撰	趙伯雄
	習齋記餘	〔清〕顔元撰	唐明貴
	恕谷後集	〔清〕李塨撰	唐明貴
	松崖文鈔	〔清〕惠棟撰	陳絜
	戴東原集	〔清〕戴震撰	錢律進
二七五	紀文達公遺集	〔清〕紀昀撰	孫致中
	考槃集文録	〔清〕方東樹撰	唐明貴 張淑紅
二七六	復初齋文集	〔清〕翁方綱撰	吴振清
	述學	〔清〕汪中撰	趙伯雄
二七七	揅經室集	〔清〕阮元撰	沈瑩瑩
二七八	劉禮部集	〔清〕劉逢禄撰	趙伯雄
	樸學齋文録	〔清〕宋翔鳳撰	趙伯雄
	雲左山房文鈔	〔清〕林則徐撰	楊國楨
	定盦文集	〔清〕龔自珍撰	李晶

續表

册號	書名	著者	校點者
二七九	古微堂集	〔清〕魏源撰	秦世龍 王寅
	曾文正公文集	〔清〕曾國藩撰	王澧華
	籀廎述林	〔清〕孫詒讓撰	陳絜
	左盦集	〔民國〕劉師培撰	陳絜
二八〇	康南海文鈔	〔清〕康有爲撰	姜義華 汪乾明

出土文獻類

册號	書名	著者	校點者
二八一	郭店楚墓竹簡《五行》	佚名	周鋒利
	郭店楚墓竹簡《性自命出》	佚名	李天虹
	上海博物館藏楚竹書《性情論》	佚名	李天虹
	上海博物館藏楚竹書《孔子詩論》	佚名	劉信芳

續表

册號	書名	著者	校點者
二八一	上海博物館藏楚竹書《周易》	佚名	何琳儀
	定州漢墓竹簡《論語》		河北省文物研究所定州漢墓竹簡整理小組釋文（劉來成執筆）北京大學《儒藏》編纂中心校勘（聞賢執筆）
	馬王堆漢墓帛書《周易》	佚名	丁四新
	馬王堆漢墓帛書《五行》	佚名	周鋒利
	唐寫本《論語鄭氏注》	〔東漢〕鄭玄撰	王素
	唐寫本《論語集解》	〔三國・魏〕何晏撰	李方

續表

册號	書名	著者	校點者
二八二	郭店楚墓竹簡《緇衣》		李鋭
	郭店楚墓竹簡《魯穆公問子思》		李鋭
	郭店楚墓竹簡《窮達以時》		李鋭
	郭店楚墓竹簡《唐虞之道》		李鋭 王晉卿
	郭店楚墓竹簡《忠信之道》		李鋭 王晉卿
	郭店楚墓竹簡《成之聞之》		鄧少平
	郭店楚墓竹簡《尊德義》		鄧少平
	郭店楚墓竹簡《六德》		鄧少平
	郭店楚墓竹簡《語叢一》		王志平
	郭店楚墓竹簡《語叢二》		王志平
	郭店楚墓竹簡《語叢三》		王志平
	郭店楚墓竹簡《語叢四》		王志平
	上海博物館藏楚竹書《緇衣》		李鋭

續表

册號	書名	著者	校點者
二八二	上海博物館藏楚竹書《民之父母》		劉洪濤
	上海博物館藏楚竹書《子羔》		陳劍
	上海博物館藏楚竹書《魯邦大旱》		曹峰
	上海博物館藏楚竹書《從政》		陳劍
	上海博物館藏楚竹書《昔者君老》		曹峰
	上海博物館藏楚竹書《容成氏》		陳劍
	上海博物館藏楚竹書《中弓》		陳劍
	上海博物館藏楚竹書《采風曲目》		王志平
	上海博物館藏楚竹書《逸詩·多薪》		孫飛燕
	上海博物館藏楚竹書《逸詩·交交鳴鳥》		孫飛燕
	上海博物館藏楚竹書《内豊》		孫飛燕
	上海博物館藏楚竹書《相邦之道》		陳劍
	上海博物館藏楚竹書《季庚子問於孔子》		陳劍

續表

册號	書名	著者	校點者
二八二	上海博物館藏楚竹書《君子爲禮》		陳劍
	上海博物館藏楚竹書《弟子問》		陳劍
	上海博物館藏楚竹書《孔子見季䞨子》		陳劍
	上海博物館藏楚竹書《天子建州》		曹峰
	上海博物館藏楚竹書《武王踐阼》		劉洪濤
	睡虎地秦墓竹簡《爲吏之道》		曹峰
	江陵王家臺秦簡《歸藏》		辛亚民
	武威漢簡《儀禮》		刁小龍 張焕君
	馬王堆漢墓帛書《德聖》		韓宇嬌
	馬王堆漢墓帛書《明君》		劉麗
	馬王堆漢墓帛書《春秋事語》		程薇
	定州八角廊漢簡《儒家者言》		胡平生
	阜陽雙古堆漢墓竹簡《周易》		胡平生

續表

冊號	書名	著者	校點者
二八二	阜陽雙古堆漢墓竹簡《詩經》		胡平生
	阜陽雙古堆漢墓竹簡《説類雜事》		胡平生
	阜陽雙古堆漢墓木牘章題		胡平生

《儒藏》精華編韓國之部選目

經部易類

編號	書名	著者	生卒年代
1	易學圖説	張顯光	1554—1637
2	人易	成以心	1628—1739
3	周易四箋	丁若鏞	1762—1836

經部書類

編號	書名	著者	生卒年代
4	梅氏書平	丁若鏞	1762—1836

經部詩類

編號	書名	著者	生卒年代
5	詩經講義	丁若鏞	1762—1836

經部禮類

編號	書名	著者	生卒年代
6	禮記補註	金在魯	1682—1759

經部春秋類

編號	書名	著者	生卒年代
7	春秋考徵	丁若鏞	1762—1836
8	春秋集傳	李震相	1818—1886

經部群經總義類

編號	書名	著者	生卒年代
9	五經淺見録	權近	1352—1409
10	讀書記	尹鑴	1617—1680
11	思辨録	朴世堂	1629—1703
12	三經次故	申綽	1760—1828
13	三經疾書	李瀷	1681—1763

經部四書類

編號	書名	著者	生卒年代
14	四書説	鄭齊斗	1649—1736
15	四書疾書	李瀷	1681—1763
16	四書集註詳説	朴文鎬	1846—1918
17	論語古今註	丁若鏞	1762—1836

續表

編號	書名	著者	生卒年代
18	孟子要義	丁若鏞	1762—1836
19	中庸九經衍義	李彦迪	1491—1553
20	中庸九經衍義別集	李彦迪	1491—1553

經部小學類

編號	書名	著者	生卒年代
21	小學集註增解	李遂浩	1800 초기

史部三國時代/高麗朝/朝鮮朝

編號	書名	著者	生卒年代
22	帝王韻記	李承休	1224—1300
23	東史綱目	安鼎福	1712—1791
24	東史	李種徽	1731—1786

續表

編號	書名	著者	生卒年代
25	渤海考	柳得恭	1749—1807
26	宋季元明理學通録	李滉	1501—1570
27	朝鮮儒教淵源	張志淵	1864—1921
28	東儒師友録	朴世采	1631—1695
29	東儒學案	河謙鎮	1870—1946

子部儒學類經濟之屬

編號	書名	著者	生卒年代
30	經國典（存目）	鄭道傳	1342—1398
31	經濟文鑑（存目）	鄭道傳	1342—1398

子部儒學類性理之屬

編號	書名	著者	生卒年代
32	入學圖説	權近	1352—1409
33	佛氏雜辨(存目)	鄭道傳	1342—1398
34	聖學十圖(存目)	李滉	1501—1570
35	自省録(存目)	李滉	1501—1570
36	啓蒙傳疑(存目)	李滉	1501—1570
37	李子粹語(存目)	李瀷	1681—1763
38	天命圖説	鄭之雲	1509—1561
39	聖學輯要(存目)	李珥	1536—1584
40	東湖問答(存目)	李珥	1536—1584
41	擊蒙要訣(存目)	李珥	1536—1584
42	巍塘問答書抄	李柬/韓元震	1677—1727 1682—1751
43	朱子言論同異攷	韓元震	1682—1751

續表

編號	書名	著者	生卒年代
44	經義記問録	韓元震	1682—1751
45	鹿廬雜識	任聖周	1711—1788
46	華西雅言	李恒老	1792—1868
47	答問類編	奇正鎮	1798—1879
48	理學綜要	李震相	1818—1886
49	性理類選	田愚	1841—1922
50	茶田經義問答	郭鍾錫	1864—1919

子部儒學類禮教之屬

編號	書名	著者	生卒年代
51	國朝五禮儀	成宗	1457—1494
52	家禮輯覽	金長生	1548—1631
53	家禮疾書	李瀷	1681—1763
54	喪禮備要	申義慶	1557—1647

續表

編號	書名	著者	生卒年代
55	春官通考	正祖	1752—1800
56	喪禮四箋	丁若鏞	1762—1836
57	增補四禮便覽	黄泌秀	

子部儒學類陽明之屬

編號	書名	著者	生卒年代
58	學辨	鄭齊斗	1649—1736
59	存言	鄭齊斗	1649—1736

子部儒學類實學之屬

編號	書名	著者	生卒年代
60	芝峰類説	李睟光	1563—1628

續表

編號	書名	著者	生卒年代
61	磻溪隨録	柳馨遠	1622—1673
62	藿憂録	李瀷	1681—1763
63	毉山問答	洪大容	1731—1783
64	熱河日記	朴趾源	1737—1805
65	星湖僿説類選	安鼎福	1712—1791
66	下學指南	安鼎福	1712—1791
67	牧民心書	丁若鏞	1762—1836
68	欽欽新書	丁若鏞	1762—1836
69	經世遺表	丁若鏞	1762—1836
70	氣學	崔漢綺	1803—1877

集部三國時代／高麗朝／朝鮮朝

編號	書名	著者	生卒年代
71	桂苑筆耕	崔致遠	857—894 以後？

續表

編號	書名	著者	生卒年代
72	東國李相國集	李奎報	1168—1241
73	益齋亂藁	李齊賢	1287—1367
74	牧隱文藁	李穡	1328—1396
75	圃隱集	鄭夢周	1337—1392
76	三峰集	鄭道傳	1342—1398
77	花潭集	徐敬德	1489—1546
78	晦齋集	李彦迪	1491—1553
79	南冥集	曹植	1501—1571
80	河西全集	金麟厚	1510—1560
81	退溪文集／續集／考證	李滉	1501—1570
82	高峰集／論思録	奇大升	1527—1572
83	牛溪集／續集／年譜／附録	成渾	1535—1598
84	栗谷全書	李珥	1536—1584
85	旅軒集	張顯光	1554—1637
86	眉叟記言／年譜	許穆	1594—1682

續表

編號	書名	著者	生卒年代
87	尤庵集	宋時烈	1607—1689
88	霞谷集	鄭齊斗	1649—1736

《儒藏》精華編日本之部選目

經部易類

編號	書名	著者
1	周易經翼通解	伊藤東涯

經部書類

編號	書名	著者
2	詩書古傳	太宰春臺

經部詩類

編號	書名	著者
3	詩經毛傳補義	岡白駒
4	毛詩補傳	仁井田南陽
5	詩集傳膏肓	太宰春臺

經部禮類

編號	書名	著者
6	國書復號紀事	新井白石

經部春秋類

編號	書名	著者
7	左氏會箋	竹添井井

經部孝經類

編號	書名	著者
8	孝經述議	林孝一（輯）

經部群經總義類

編號	書名	著者
9	七經孟子考文	山井鼎

經部四書類學庸之屬

編號	書名	著者
10	大學定本	伊藤仁齋
11	大學解	荻生徂徠
12	大學雜議	中井履軒

續表

編號	書名	著者
13	大學欄外書	佐藤一齋
14	大學摘説	佐藤一齋
15	中庸發揮	伊藤仁齋
16	中庸解	荻生徂徠
17	中庸逢原	中井履軒
18	中庸欄外書	佐藤一齋

經部四書類論語之屬

編號	書名	著者
19	論語古義	伊藤仁齋
20	論語徵	荻生徂徠
21	論語逢原	中井履軒
22	論語欄外書	佐藤一齋
23	論語古訓·古訓外傳	太宰春臺

續表

編號	書名	著者
24	論語集解攷異	吉田篁墩
25	正平本論語札記	市野迷庵
26	論語大疏	大田錦城

經部四書類孟子之屬

編號	書名	著者
27	孟子古義	伊藤仁齋
28	孟子逢原	中井履軒
29	孟子欄外書	佐藤一齋

經部四書類四書總義之屬

編號	書名	著者
30	語孟字義	伊藤仁齋

經部小學類

編號	書名	著者
31	宋本爾雅校譌	松崎慊堂
32	文緯	山梨稻川
33	説文解字疏	岡本況齋

史部傳記類名人之屬

編號	書名	著者
34	惺窩先生行狀	
35	羅山先生行狀・年譜	
36	熊澤先生行狀	
37	尺五先生行狀	
38	鵝峰自叙譜略	
39	蕃山先生行狀	熊澤蕃山

史部傳記類總録之屬

編號	書名	著者
40	古今學變	伊藤東涯
41	先哲叢談	原念齋
42	無刑録	蘆野東山

史部史評類

編號	書名	著者
43	大日本史贊藪	安積澹泊
44	本朝通鑑	林鵝峰

子部儒學類性理之屬

編號	書名	著者
45	闢異	山崎闇齋
46	大疑録	貝原益軒

子部雜學類雜考之屬

編號	書名	著者
47	辨道・辨名	荻生徂徠
48	名疇	皆川淇園
49	問學舉要	皆川淇園
50	贅語	三浦梅園

集部

編號	書名	著者
51	文章達德綱領	藤原惺窩
52	羅山先生文集	林羅山
53	鵝峰先生林學士文集	林鵝峰
54	藤樹先生遺稿	中江藤樹

《儒藏》精華編越南之部選目

編號	書名	撰述者
1	易膚叢説	佚名
2	書經衍義	黎貴惇(撰)
3	春秋管見	吴時任(撰)
4	孝經立本　孝史略詮	阮綿寯(撰)
5	論語愚按	范阮攸(撰)
6	黎朝教化條律	佚名
7	皇朝聖諭訓迪十條	阮福擔(撰)
8	皇訓九篇	阮福綿宗等(撰)
9	蕓薹類語	黎貴惇(撰)
10	群書考辨	黎貴惇(撰)
11	方亭隨筆録	阮文超(撰)

續表

編號	書名	撰述者
12	歷代聖訓家訓	多作者
13	族約家規	多作者
14	南山叢話	阮德達(撰)

《儒藏》精華編索引

編製説明

一、《儒藏》精華編卷帙浩繁，共收書五百一十種，計二百八十二册。爲便於讀者翻檢，特編製書名索引與著者索引。

二、書名索引以《儒藏》精華編所收書書名爲綱，按筆畫順序編排。在諸書名之下，依次標注本書著者信息、所在《儒藏》精華編册號（一書分多册者標明首册號）以及在當册的起始頁碼。

三、著者索引以《儒藏》精華編所收書著者爲綱，按筆畫順序編排。著者姓氏未詳者，歸入「佚名」一類，置於索引最末。在諸著者姓名之下，依次標注該著者所著書的書名、所在《儒藏》精華編册號以及在當册的起始頁碼。同一著者名下書名，按本書所在《儒藏》精華編册號及起始頁碼先後排序。

四、本索引由北京大學《儒藏》編纂與研究中心谷建與北京大學出版社王應共同編製。

《儒藏》精華編書名索引

二畫

書名	著者	册號	頁碼
二曲集	李顒(撰)	二七〇下	577
二程全書	程顥 程頤(撰)	二一二	1
十三經注疏校勘記	阮元(總纂)	九八上	1
十駕齋養新録	錢大昕(撰)	一九九	455
七經小傳	劉敞(撰)	九六	639
七緯	趙在翰(撰)	一三〇	1
人物志	劉邵(撰)劉昞(注)	一九八	1
九經古義	惠棟(撰)	九六	709

三畫

續表

書名	著者	冊號	頁碼
上海博物館藏楚竹書《内豊》	佚名	二八二上	729
上海博物館藏楚竹書《孔子見季桓子》	佚名	二八二上	873
上海博物館藏楚竹書《孔子詩論》	佚名	二八一	51
上海博物館藏楚竹書《民之父母》	佚名	二八二上	407
上海博物館藏楚竹書《弟子問》	佚名	二八二上	839
上海博物館藏楚竹書《君子爲禮》	佚名	二八二上	809
上海博物館藏楚竹書《武王踐阼》	佚名	二八二上	939
上海博物館藏楚竹書《昔者君老》	佚名	二八二上	523
上海博物館藏楚竹書《季庚子問於孔子》	佚名	二八二上	767
上海博物館藏楚竹書《采風曲目》	佚名	二八二上	679
上海博物館藏楚竹書《周易》	佚名	二八一	67
上海博物館藏楚竹書《性情論》	佚名	二八一	33
上海博物館藏楚竹書《相邦之道》	佚名	二八二上	749

續表

書名	著者	册號	頁碼
上海博物館藏楚竹書《容成氏》	佚名	二八二上	541
上海博物館藏楚竹書《從政》	佚名	二八二上	479
上海博物館藏楚竹書《逸詩・多薪》	佚名	二八二上	705
上海博物館藏楚竹書《逸詩・交交鳴烏》	佚名	二八二上	713
上海博物館藏楚竹書《緇衣》	佚名	二八二上	347
上海博物館藏楚竹書《魯邦大旱》	佚名	二八二上	463
上蔡語録	謝良佐（撰）朱熹（輯）	一八六	263
小學集註	朱熹 劉清之（撰）陳選（集註）	一九七	273
女誡	班昭（撰）	一九七	1

四畫

書名	著者	册號	頁碼
王文成公全書	王守仁（撰）	二五四	1

續表

書名	著者	册號	頁碼
王廷相全集	王廷相(撰)	二五六上	1
王荆公年譜考略	蔡上翔(撰)	一四九	505
王學質疑	張烈(撰)	一九六上	525
元公周先生濂溪集	周敦頤(撰)	二〇九上	367
元儒考略	馮從吾(編)	一五四	1
廿二史劄記	趙翼(撰)	一七九	1
木鐘集	陳埴(撰)	一九〇	473
五峰集	胡宏(撰)	二二三	793
五禮通考	秦蕙田 (撰)	六二	1
太史范公文集	范祖禹(撰)	二一九	1
太玄經	揚雄(撰)范望(注)	一八二上	1
太極圖説述解(存目,見《曹月川先生遺書》)	曹端(撰)	一八六	21
太極圖説解	朱熹(撰)	一八六	1
友慶堂合稿	王時槐(撰)	二六三上	1

續表

書名	著者	冊號	頁碼
止齋先生文集	陳傅良（撰）	二三四下	831
日知録集釋	顧炎武（撰）黄汝成（集釋）	二〇〇	1
中庸輯略	石𡼖（編）朱熹（删訂）	一〇四	1
中説	王通（撰）阮逸（注）	一八二下	1319
水心先生文集	葉適（撰）	二三九上	1
毛詩注疏	毛亨（傳）鄭玄（箋）陸德明（音義）孔穎達（疏）	二二	1
毛詩草木鳥獸蟲魚疏	陸璣（撰）丁晏（校正）	二六	1
毛詩草木鳥獸蟲魚疏廣要	毛晉（撰）	二六	51
毛詩後箋	胡承珙（撰）	三〇	1
毛詩傳箋通釋	馬瑞辰（撰）	三二	1
毛詩説	莊存與（撰）	二九	887
毛詩稽古編	陳啓源（撰）	二九	177
仁山金先生文集	金履祥（撰）	二四五下	739
仁學	譚嗣同（撰）	一九八	219

續表

書名	著者	冊號	頁碼
今文尚書考證	皮錫瑞（撰）	二一	1
公羊義疏	陳立（著）	八六	1
公是集	劉敞（撰）	二一七	1
文山先生文集	文天祥（撰）	二三九下	767
文史通義	章學誠（撰）	一七七	589
文定集	汪應辰（撰）	二二四下	1025
心齋約言	王艮（撰）	一九四下	1063
孔子弟子考（存目，見《曝書亭集》）	朱彝尊（撰）	一六〇上	173
孔子家語	王肅（注）	一八〇	1
孔子集語	孫星衍（輯）	一八〇	211
孔子編年	狄子奇（撰）	一四九	1
孔叢子	孔鮒（撰）宋咸（注）	一八一	1

五畫

書名	著者	册號	頁碼
正學堂稿	李材（撰）	二六二	1
甘泉先生文集	湛若水（撰）	二五三	411
古文尚書攷	惠棟（撰）	一六	1115
古文尚書冤詞	毛奇齡（撰）	一六	985
古微堂集	魏源（撰）	二七九	1
左氏傳説	吕祖謙（撰）	七六	1
左氏傳續説	吕祖謙（撰）	七六	201
左傳杜解補正	顧炎武（撰）	七六	399
左盦集	劉師培（撰）	二七九	1051
北溪先生大全文集	陳淳（撰）	二四〇下	823
北溪先生字義附嚴陵講義	陳淳（撰）	一九〇	361
申鑒	荀悦（撰）黄省曾（注）	一八二下	1127
史通	劉知幾（撰）	一七七	1

續表

書名	著者	冊號	頁碼
四先生年譜	毛念恃(編)	一六〇上	1
四書反身録(存目,見《二曲集》)	李顒(撰)	一二〇	485
四書近指	孫奇逢(撰)	一一七	1
四書改錯	毛奇齡(撰)	一二〇	93
四書或問	朱熹(撰)	一一〇	535
四書訓義	王夫之(撰)	一一八	1
四書章句集注	朱熹(撰)	一一〇	1
四書集註大全	胡廣等(編撰)	一一四	1
四書集編	真德秀(撰)	一一一	1
四書蒙引	蔡清(撰)	一一六上	1
四書説	莊存與(撰)	一二〇	1041
四書賸言	毛奇齡(撰)	一二〇	1
四書講義	吕留良(撰)	一二〇	487
四書纂疏	趙順孫(撰)	一一二	1

續表

書名	著者	册號	頁碼
白沙子全集	陳獻章（撰）	二五二	1
白虎通德論	班固（撰）	九六	509
司馬太師温國文正公年譜	顧棟高（撰）	一四九	193
司馬氏書儀	司馬光（撰）	七三	1021

六畫

書名	著者	册號	頁碼
考亭淵源録	宋端儀（撰）薛應旂（重輯）	一五二	367
考槃集文録	方東樹（撰）	二七五	693
西山先生真文忠公文集	真德秀（撰）	二四一	1
西山先生真文忠公讀書記	真德秀（撰）	一九一上	1
西河文集	毛奇齡（撰）	二七一	1
西銘解	張載（撰）朱熹（解義）	一八六	55

續表

書名	著者	冊號	頁碼
呂氏家塾讀詩記	呂祖謙（撰）	二五	1
呂氏鄉約（存目，見《藍田呂氏遺著輯校》）	呂大鈞（撰）	一九七	229
呂新吾先生文集	呂坤（撰）	二六三下	773
朱子年譜	王懋竑（撰）	一五〇	1
朱子語類	黎靖德（編）	一八七上	1
延平答問	李侗（撰）朱熹（編）	一八六	307
伊川易傳（存目，見《二程全書》）	程頤（撰）	三	613
伊川擊壤集	邵雍（撰）	二〇九上	1
伊洛淵源録	朱熹（撰）	一五二	1
伊洛淵源續録	張伯行（撰）	一六一	1
江陵王家臺秦簡《歸藏》	佚名	二八二下	1003

七畫

書名	著者	册號	頁碼
攻媿先生文集	樓鑰（撰）	二三五	1
孝經大全	吕維祺（撰）	九六	125
孝經注疏	唐玄宗李隆基（注）邢昺（疏）	九六	1
孝經注解	唐玄宗李隆基（注）司馬光（指解） 范祖禹（説）	九六	87
孝經鄭注疏	皮錫瑞（撰）	九六	415
李文公集	李翱（撰）	二〇二下	1317
吴文正集	吴澄（撰）	二四六上	1
困知記	羅欽順（撰）	一九四上	509
困學紀聞	王應麟（撰）	一九九	1
何氏公羊解詁三十論	廖平（撰）	八五	555
何心隱先生爨桐集	何心隱（撰）	二六一	133
近思録	朱熹 吕祖謙（編著）	一八六	355

續表

書名	著者	冊號	頁碼
近思録集註	江永（撰）	一八六	473
近溪羅子全集	羅汝芳（撰）	二六一	269
弟子規	李毓秀（撰）	一九七	467
宋元學案	黄宗羲（原著）全祖望等（補修）	一五七	1
宋仁山金先生年譜	徐袍（撰）	一五〇	621
宋文憲公全集	宋濂（撰）	二四八	1
宋名臣言行録	朱熹 李幼武（輯）	一五一上	1
宋論	王夫之（撰）	一七七	265

八畫

書名	著者	冊號	頁碼
武威漢簡《儀禮》	佚名	二八二下	1039
范仲淹集	范仲淹（撰）	二〇四	1
直講李先生文集	李覯（撰）	二〇五	311

續表

書名	著者	册號	頁碼
松崖文鈔	惠棟(撰)	二七四	847
松陽鈔存	陸隴其(撰)	一九六上	579
述學	汪中(撰)	二七六	749
東林書院會語(存目,見《高子遺書》)	高攀龍(撰)	一九五	775
東萊呂太史集	呂祖謙(撰)	二三四上	113
東廓鄒先生文集	鄒守益(撰)	二五九上	1
東塾讀書記	陳澧(撰)	二〇一	1441
尚書大傳疏證	伏勝(撰)鄭玄(注)皮錫瑞(疏證)	二一	673
尚書大傳輯校	伏勝(撰)鄭玄(注)陳壽祺(輯校)	二一	567
尚書今古文注疏	孫星衍(撰)	一九	1
尚書引義	王夫之(撰)	一六	203
尚書孔傳參正	王先謙(撰)	二〇	1
尚書正義	孔安國(傳)孔穎達等(正義)	一二	1
尚書古文疏證	閻若璩(撰)	一六	399
尚書古文疏證辨正	皮錫瑞(撰)	二一	467

續表

書名	著者	册號	頁碼
尚書考異	梅鷟（撰）	一六	1
尚書全解	林之奇（撰）	一四	1
尚書表注	金履祥（撰）	一三	655
尚書要義	魏了翁（撰）	一四	719
尚書後案	王鳴盛（撰）	一八	1
尚書集注音疏	江聲（撰）	一七	1
盱壇直詮	羅汝芳（撰）	一九五	325
昌言	仲長統（撰）	一八二下	1189
昌黎先生集	韓愈（撰）	二〇二下	685
明夷待訪録	黄宗羲（撰）	一八三	657
明儒學案	黄宗羲（撰）	一五五	1
易童子問（存目，見《歐陽脩全集》）	歐陽脩（撰）	三	489
易經蒙引	蔡清（撰）	六	385
易圖明辨	胡渭（撰）	八	281
易説（存目，見《張載全集》）	張載（撰）	三	611

續表

書名	著者	冊號	頁碼
易漢學	惠棟(撰)	九	1
易學象數論	黄宗羲(撰)	七	543
易學啓蒙	朱熹(撰)	四	247
易學啓蒙通釋	胡方平(撰)	五	1
易纂言	吴澄(撰)	五	769
呻吟語	吕坤(撰)	一九五	467
和靖尹先生文集	尹焞(撰)	二二一	757
岳少保忠武王集	岳飛(撰)陳繼儒(輯)單恂(訂)	二二三	1077
阜陽雙古堆漢墓木牘章題	佚名	二八二下	1697
阜陽雙古堆漢墓竹簡《周易》	佚名	二八二下	1535
阜陽雙古堆漢墓竹簡《詩經》	佚名	二八二下	1599
阜陽雙古堆漢墓竹簡《説類雜事》	佚名	二八二下	1649
徂徠石先生全集	石介(撰)	二〇五	53
念菴羅先生全集	羅洪先(撰)	二六〇	749
周易口義	胡瑗(撰)	三	1

續表

書名	著者	冊號	頁碼
周易内傳	王夫之（撰）	七	765
周易正義	孔穎達等（撰）	二	1
周易本義	朱熹（集録）	四	307
周易本義附録纂註	胡一桂（撰）	五	137
周易本義通釋	胡炳文（撰）	六	1
周易外傳	王夫之（撰）	八	1
周易述	惠棟（撰）	八	525
周易述補	江藩（撰）	八	985
周易述補	李林松（撰）	八	1065
周易注	王弼　韓康伯（撰）	一	689
周易姚氏學	姚配中（撰）	一一	713
周易啓蒙翼傳	胡一桂（撰）	五	469
周易集注	來知德（撰）	七	1
周易集解	李鼎祚（撰）	二	261
周易集解纂疏	李道平（撰）	一一	1

續表

書名	著者	冊號	頁碼
周易虞氏義	張惠言(撰)	一〇	1
周易鄭注	鄭玄(撰)王應麟(撰集)丁杰(後定)張惠言(訂正)	一	53
周官新義	王安石(撰)	三八	1173
周海門先生文録	周汝登(撰)	二六四上	1
周禮正義	孫詒讓(撰)	三九	1
周禮疏	鄭玄(注)賈公彦(疏)	三七	1
京氏易傳	京房(撰)陸績(注)范欽(訂)	一	1
河東先生集	柳宗元(撰)	二〇三	503
性理大全書	胡廣等(撰)	一九二	1
定州八角廊漢簡《儒家者言》	佚名	二八二下	1505
定州漢墓竹簡《論語》	佚名	二八一	117
定盦文集	龔自珍(撰)	二七八	715
居業録	胡居仁(撰)	一九四上	235
孟子正義	焦循(撰)	一〇八	1

續表

書名	著者	册號	頁碼
孟子字義疏證	戴震(撰)	一〇七	453
孟子事實録	崔述(撰)	一六三	209
孟子注疏	趙岐(注)(題)孫奭(疏)	一〇七	1
孟子章句	劉熙(撰)	一〇七	431
孟子編年	狄子奇(撰)	一四九	85

九畫

書名	著者	册號	頁碼
春秋大事表	顧棟高(撰)	七七	1
春秋公羊傳注疏	何休(注)徐彦(疏)	八四	1
春秋公羊經何氏釋例	劉逢禄(撰)	八五	309
春秋公羊經傳通義	孔廣森(撰)	八五	1
春秋本義	程端學(撰)	九二	157
春秋左氏傳賈服注輯述	李貽德(撰)	七六	473

續表

書名	著者	册號	頁碼
春秋左氏傳舊注疏證	劉文淇等（撰）	八一	1
春秋左傳正義	杜預（注）孔穎達（疏）	七四	1
春秋左傳詁	洪亮吉（撰）	八〇	1
春秋左傳讀	章炳麟（撰）	八三	1
春秋集注	張洽（撰）	九〇	559
春秋集傳	趙汸（撰）	九二	837
春秋集傳大全	胡廣 楊榮等（編撰）	九三	1
春秋集傳纂例	陸淳（撰）	九〇	1
春秋尊王發微	孫復（撰）	九二	1
春秋傳	胡安國（著）	九一	397
春秋經解	孫覺（撰）	九一	1
春秋穀梁傳注疏	范甯（集解）楊士勛（疏）	八九	1
春秋穀梁經傳補注	鍾文烝（撰）	八九	375
春秋繁露	董仲舒（撰）	九五	1
春秋繁露義證	蘇輿（撰）	九五	185

續表

書名	著者	冊號	頁碼
春秋權衡	劉敞（撰）	九〇	275
郝文忠公陵川文集	郝經（撰）	二四五上	1
荀子集解	楊倞（注）王先謙（集解）	一八〇	549
胡子知言	胡宏（撰）	一九〇	285
南雷文定　南雷文定五集	黄宗羲（撰）	二六八	1
貞觀政要	吴兢（撰）	一三七	743
思問録	王夫之（撰）	一九六上	453
思辨録輯要	陸世儀（撰）	一九六上	1
重鐫心齋王先生全集	王艮（撰）	二五八	1
勉齋先生黄文肅公文集	黄榦（撰）	二四〇上	1
風俗通義	應劭（撰）	一九八	327
亭林詩文集	顧炎武（撰）	二七〇上	1
洪範口義	胡瑗（撰）	一三	91
洙泗考信餘録	崔述（撰）	一六三	127
洙泗考信録	崔述（撰）	一六三	1

續表

書名	著者	册號	頁碼
洛學編	湯斌(撰)	一六〇上	71
癸巳孟子説(存目,見《張栻全集》)	張栻(撰)	一〇七	451
癸巳論語解(存目,見《張栻全集》)	張栻(撰)	一〇五	235
紀文達公遺集	紀昀(撰)	二七五	1
馬王堆漢墓帛書《五行》	佚名	二八一	323
馬王堆漢墓帛書《明君》	佚名	二八二下	1447
馬王堆漢墓帛書《周易》	佚名	二八一	175
馬王堆漢墓帛書《春秋事語》	佚名	二八二下	1461
馬王堆漢墓帛書《德聖》	佚名	二八二下	1427

十畫

書名	著者	册號	頁碼
耿天臺先生文集	耿定向(撰)	二六二	543
桓譚新論	桓譚(撰)	一八二上	405

續表

續表

書名	著者	冊號	頁碼
郭店楚墓竹簡《語叢二》	佚名	二八二上	279
郭店楚墓竹簡《語叢三》	佚名	二八二上	295
郭店楚墓竹簡《語叢四》	佚名	二八二上	319
郭店楚墓竹簡《緇衣》	佚名	二八二上	1
郭店楚墓竹簡《魯穆公問子思》	佚名	二八二上	61
郭店楚墓竹簡《窮達以時》	佚名	二八二上	69
唐陸宣公集	陸贄（撰）	二〇二上	385
唐寫本《論語集解》	何晏（撰）	二八一	493
唐寫本《論語鄭氏注》	鄭玄（撰）	二八一	347
涇皋藏稿	顧憲成（撰）	二六四上	367
涇野子內篇	吕柟（撰）	一九四下	737
涇野先生文集	吕柟（撰）	二五七上	1
浮沚集	周行己（撰）	二二〇	525
浪語集	薛季宣（撰）	二二五	1
家範	司馬光（撰）	一九七	113

續表

書名	著者	冊號	頁碼
家禮	朱熹（撰）	七三	1143
書古微	魏源（撰）	一九	489
書集傳	蔡沈（撰）	一三	339
書傳大全	胡廣等（撰）	一五	115
書傳	蘇軾（撰）	一三	141
書疑	王柏（撰）	一三	565
書纂言	吴澄（撰）	一三	765

十一畫

書名	著者	冊號	頁碼
陸稼書先生年譜定本	吴光酉（編）	一五〇	869
陳文節公年譜	孫鏘鳴（撰）	一五〇	453
陳亮集	陳亮（撰）	二三八	1
孫明復先生小集	孫復（撰）	二〇五	1

續表

書名	著者	冊號	頁碼
恕谷後集	李塨（撰）	二七四	637
通書注	周敦頤（撰）朱熹（注）	一八六	23
通緯逸書考	黄奭（撰）	一三一	1
理學宗傳	孫奇逢（撰）	一五四	55
黄書	王夫之（撰）	一八三	711
黄梨洲先生年譜	黄炳垕（撰）	一五〇	693
乾初先生遺集	陳確（撰）	二六七	1
梅溪先生文集	王十朋（撰）	二二四上	1
桴亭先生文集	陸世儀（撰）	二六八	581
曹月川先生語録	曹端（撰）趙邦清（輯）	一九四上	1
曹月川先生遺書	曹端（撰）	二五一	1
問學録	陸隴其（撰）	一九六上	645
晦庵先生朱文公文集	朱熹（撰）	二二八	1
國朝宋學淵源記	江藩（撰）	一六三	445
國朝漢學師承記	江藩（撰）	一六三	265

續表

書名	著者	册號	頁碼
國語正義	董增齡(撰)	一三七	137
崇正辯	胡寅(撰)	一九〇	99
象山先生全集	陸九淵(撰)	二三七	1
象山先生年譜(存目,見《象山先生全集》)	李子願(輯)	一五〇	517
逸周書	孔晁(注)	一三七	1
許文正公遺書	許衡(撰)	二四四下	1603
許白雲先生文集	許謙(撰)	二四五下	1419
康南海文鈔	康有爲(撰)	二八〇	1
康齋先生文集	吴與弼(撰)	二五一	891
清儒學案	徐世昌(纂)	一六四	1
梁溪先生文集	李綱(撰)	二二二上	1
張子正蒙注	王夫之(撰)	一八六	67
張子年譜	武澄(撰)	一四九	457
張栻全集	張栻(撰)	二三三	1

續表

書名	著者	册號	頁碼
張載全集	張載(撰)	二〇九下	763
習學記言序目	葉適(撰)	一九八	465
習齋記餘	顔元(撰)	二七四	403

十二畫

書名	著者	册號	頁碼
絜齋集	袁燮(撰)	二三八	657
揚子法言	揚雄(撰)司馬光(集注)	一八二上	223
揚子雲集	揚雄(撰)	二〇二上	35
董仲舒集	董仲舒(撰)	二〇二上	1
敬和堂集	許孚遠(撰)	二六三上	283
敬軒薛先生文集	薛瑄(撰)	二五一	309
敬齋集	胡居仁(撰)	二五二	905
雲左山房文鈔	林則徐(撰)	二七八	521

續表

書名	著者	册號	頁碼
雲峰胡先生文集	胡炳文（撰）	二四五下	1283
斐然集	胡寅（撰）	二二三	1
閑閑老人滏水文集	趙秉文（撰）	二四四上	1
程子年譜	池生春 諸星杓（撰）	一六〇上	363
傅子	傅玄（撰）錢保塘（輯）	一八二下	1227
御選明臣奏議	清高宗弘曆（敕輯）	一四八	1
御纂周易折中	李光地（撰）	九	115
復初齋文集	翁方綱（撰）	二七六	1
舒文靖公類稿	舒璘（撰）	二三四上	1
馮少墟集	馮從吾（撰）	二六四下	721
童蒙訓	吕本中（撰）	一九七	231
童蒙須知	朱熹（撰）	一九七	413
道一編	程敏政（撰）	一九四上	407
道命録	李心傳（撰）	一五二	163
道南源委	朱衡（撰）張伯行（重訂）	一五三	1

續表

書名	著者	册號	頁碼
道園學古録　道園遺稿	虞集(撰)	二四七上	1
曾子注釋	阮元(撰)	一八〇	479
曾文正公文集	曾國藩(撰)	二七九	475
曾文正公家訓	曾國藩(撰)	一九七	485
温公易説	司馬光(撰)	三	491
温國文正公文集	司馬光(撰)	二一〇	1
渭南文集	陸游(撰)	二三五	697
游定夫先生集	游酢(撰)	二三一	1

十三畫

書名	著者	册號	頁碼
聖學宗傳	周汝登(撰)	一五三	195
楊氏易傳	楊簡(撰)	四	431
楊園先生詩文集	張履祥(撰)	二六九	1

續表

書名	著者	册號	頁碼
犖經室集	阮元(撰)	二七七上	1
睡虎地秦墓竹簡《爲吏之道》	佚名	二八二下	959
詩三家義集疏	王先謙(撰)	三六	1
詩毛氏傳疏	陳奐(撰)	三三	1
詩古微	魏源(撰)	二六	425
詩本義	歐陽脩(撰)	二四	1
詩地理考	王應麟(撰)	二六	265
詩集傳	蘇轍(撰)	二四	183
詩集傳	朱熹(撰)	二四	471
詩經世本古義	何楷(撰)	二七	1
詩經原始	方玉潤(撰)	三五	381
詩經通論	姚際恒(撰)	三五	1
詩廣傳	王夫之(撰)	二九	1
誠齋先生易傳	楊萬里(撰)張敬之(校正)	四	1
誠齋集	楊萬里(撰)	二二六	1

續表

書名	著者	冊號	頁碼
資治通鑑綱目	朱熹（撰）	一三二	1
新序	劉向（撰）	一八一	463
新書	賈誼（撰）	一八一	189
新語	陸賈（撰）	一八一	149
新學僞經考	康有爲（撰）	一〇三	567
慈湖先生年譜	馮可鏞　葉意深（撰）	一五〇	519
慈湖詩傳	楊簡（撰）	二五	675
慈湖遺書	楊簡（撰）	二三七	577
群經平議	俞樾（撰）	一〇二	1
遜志齋集	方孝孺（撰）	二五〇	1
經典釋文	陸德明（撰）	九七	1
經義考	朱彝尊（撰）	一七三	69
經義述聞	王引之（撰）	一〇一上	1
經學通論	皮錫瑞（撰）	一〇三	1
經學歷史	皮錫瑞（撰）	一〇三	485

十四畫

書名	著者	冊號	頁碼
静修劉先生文集	劉因（撰）	二四五下	851
蔡中郎集	蔡邕（撰）	二〇二上	103
榕村語録	李光地（撰）	一九六下	763
榕壇問業	黃道周（撰）	一九五	777
爾雅正義	邵晉涵（撰）	一二四	335
爾雅注疏	郭璞（注）邢昺（疏）	一二四	1
爾雅義疏	郝懿行（撰）	一二五	1
閩中理學淵源考	李清馥（撰）	一六二	1
説文解字	許慎（撰）	一二七	1
説文解字注	段玉裁（撰）	一二八	1
説苑	劉向（撰）	一八一	581
説理會編	季本（撰）	一九四下	1075
廣雅疏證	王念孫（撰）	一二六	1

續表

書名	著者	冊號	頁碼
鄭氏古文尚書	鄭玄（注）王應麟（輯）李調元（補正）	一三	1
漢上易傳	朱震（撰）	三	615
漢學商兑	方東樹（撰）	一九六下	1357
漢魏二十一家易注	孫堂（撰）	一	175
滹南王先生文集	王若虚（撰）	二四四上	409

十五畫

書名	著者	冊號	頁碼
增訂發蒙三字經	王應麟（撰）許印芳（增訂）	一九七	425
歐陽南野先生文集	歐陽德（撰）	二六〇	1
歐陽脩全集	歐陽脩（撰）	二〇六	1
遺山先生文集	元好問（編）	二四四下	793
儀禮正義	胡培翬（撰）胡肇昕 楊大堉（補）	四七	1
儀禮注疏	鄭玄（注）賈公彦（疏）	四二	1

續表

書名	著者	冊號	頁碼
儀禮章句	吴廷華（撰）	四六	403
儀禮喪服文足徵記	程瑶田（撰）	四五	749
儀禮集説	敖繼公（撰）	四五	1
儀禮集釋	李如圭（撰）	四四	1
儀禮經傳通解	朱熹　黄榦（撰）	五九	1
儀禮圖	楊復（撰）	四四	619
儀禮鄭註句讀	张爾岐（撰）	四六	1
劉子	劉晝（撰）袁孝政（注）	一九八	63
劉夢得文集	劉禹錫（撰）	二〇三	1
劉蕺山先生集	劉宗周（撰）	二六五下	627
劉禮部集	劉逢禄（撰）	二七八	1
論孟精義	朱熹（輯撰）	一〇九	1
論語正義	劉寶楠（撰）劉恭冕（補）	一〇六	1
論語全解	陳祥道（撰）	一〇五	1
論語注	康有爲（撰）	一〇五	631
論語集解	何晏（撰）	一〇四	99

續表

書名	著者	冊號	頁碼
論語註疏	邢昺（撰）	一〇四	569
論語義疏	皇侃（撰）	一〇四	189
論語説義	宋翔鳳（撰）	一〇五	497
論語學案	劉宗周（撰）門人董瑒（編次）	一〇五	237
論衡	王充（撰）	一八二下	599
潛夫論	王符（撰）	一八二上	481
遺山先生文集	元好問（編）	二四四下	793
豫章先賢九家年譜	楊希閔（撰）	一六一	381
豫章羅先生文集	羅從彦（撰）	二二一	891

十六畫

書名	著者	冊號	頁碼
薑齋文集	王夫之（撰）	二七〇上	439
樸學齋文録	宋翔鳳（撰）	二七八	397

續表

書名	著者	册號	頁碼
整菴先生存稿	羅欽順(撰)	二五三	1
歷代名臣奏議	黄淮 楊士奇等(編)	一三八	1
學術辨	陸隴其(撰)	一九六上	631
學統	熊賜履(撰)	一六〇下	667
學蔀通辨	陳建(撰)	一九五	1
儒林宗派	萬斯同(撰)	一六〇上	175
雕菰樓易學	焦循(撰)	一〇	227
龍溪王先生全集	王畿(撰)	二五九下	675
龍溪會語	王畿(撰)	一九五	181

十七畫

書名	著者	册號	頁碼
戴東原先生年譜(存目，見《戴東原集》)	段玉裁(編)	一五〇	1045

續表

書名	著者	册號	頁碼
戴東原集	戴震（撰）	二七四	895
藍田吕氏遺著輯校	吕大臨等（撰）	二二〇	1
韓柳年譜	吕大防（撰）文安禮（撰）	一四九	169
韓詩外傳	韓嬰（撰）	三六	1081
臨川先生文集	王安石（撰）	二一一上	1
霜紅龕集	傅山（撰）	二六六	599
龜山先生全集	楊時（撰）	二二一	147
龜山先生語録	楊時（撰）	一九〇	1
禮記正義	鄭玄（注）孔穎達（疏）	四九	1
禮記集解	孫希旦（撰）	五六	1
禮記集説	衛湜（撰）	五二	1
禮記集説	陳澔（撰）	五五	1
禮書	陳祥道（撰）	五八	1
禮書通故	黄以周（撰）	七一	1
禮經學	曹元弼（撰）	七三	491

續表

十八畫

十九畫

續表

書名	著者	册號	頁碼
蘇軾文集	蘇軾（撰）	二一四	1
蘇轍集	蘇轍（撰）	二一八上	1
曝書亭集	朱彝尊（撰）	二七三	1
關學編（存目，見《馮少墟集》）	馮從吾（撰）	一五四	53
籀廎述林	孫詒讓（撰）	二七九	715

二十一畫

書名	著者	册號	頁碼
顧亭林先生年譜	張穆（撰）	一五〇	745
鶴山先生大全文集	魏了翁（撰）	二四二	1
續資治通鑑綱目	商輅等（撰）	一三六	1

續表

二十二畫

書名	著者	冊號	頁碼
讀四書大全説	王夫之（撰）	一一七	427
讀書録	薛瑄（撰）	一九四上	33
讀書叢説	許謙（撰）	一五	1
讀通鑑論	王夫之（撰）	一七八	1

二十四畫

書名	著者	冊號	頁碼
鹽鐵論	桓寬（撰）	一八一	327

《儒藏》精華編著者索引

二畫

著者	書名	册號	頁碼
丁杰（後定）	周易鄭注	一	53
丁晏（校正）	毛詩草木鳥獸蟲魚疏	二六	1

四畫

著者	書名	册號	頁碼
王十朋（撰）	梅溪先生文集	二二四上	1
王夫之（撰）	周易内傳	七	765
王夫之（撰）	周易外傳	八	1

續表

著者	書名	册號	頁碼
王夫之(撰)	尚書引義	一六	203
王夫之(撰)	詩廣傳	二九	1
王夫之(撰)	讀四書大全説	一一七	427
王夫之(撰)	四書訓義	一一八	1
王夫之(撰)	宋論	一七七	265
王夫之(撰)	讀通鑒論	一七八	1
王夫之(撰)	黄書	一八三	711
王夫之(撰)	張子正蒙注	一八六	67
王夫之(撰)	思問録	一九六上	453
王夫之(撰)	薑齋文集	二七〇上	439
王引之(撰)	經義述聞	一〇一上	1
王先謙(撰)	尚書孔傳參正	二〇	1
王先謙(撰)	詩三家義集疏	三六	1
王先謙(集解)	荀子集解	一八〇	549
王廷相(撰)	王廷相全集	二五六上	1

續表

著者	書名	册號	頁碼
王充(撰)	論衡	一八二下	599
王守仁(撰)	大學古本旁注(存目,見《王文成公全書》)	一〇四	97
王守仁(撰)	王文成公全書	二五四	1
王安石(撰)	周官新義	三八	1173
王安石(撰)	臨川先生文集	二一一上	1
王艮(撰)	心齋約言	一九四下	1063
王艮(撰)	重鐫心齋王先生全集	二五八	1
王若虚(撰)	滹南王先生文集	二四四上	409
王念孫(撰)	廣雅疏證	一二六	1
王柏(撰)	書疑	一三	565
王時槐(撰)	友慶堂合稿	二六三上	1
王通(撰)	中説	一八二下	1319
王符(撰)	潛夫論	一八二上	481
王弼(撰)	周易注	一	689
王聘珍(撰)	大戴禮記解詁	五五	903

續表

著者	書名	冊號	頁碼
王肅（注）	孔子家語	一八〇	1
王鳴盛（撰）	尚書後案	一八	1
王畿（撰）	龍溪會語	一九五	181
王畿（撰）	龍溪王先生全集	二五九下	675
王懋竑（撰）	朱子年譜	一五〇	1
王應麟（撰集）	周易鄭注	一	53
王應麟（輯）	鄭氏古文尚書	一三	1
王應麟（撰）	詩地理考	二六	265
王應麟（撰）	增訂發蒙三字經	一九七	425
王應麟（撰）	困學紀聞	一九九	1
元好問（撰）	遺山先生文集	二四四下	793
毛亨（傳）	毛詩注疏	二二	1
毛奇齡（撰）	古文尚書冤詞	一六	985
毛奇齡（撰）	四書賸言	一二〇	1
毛奇齡（撰）	四書改錯	一二〇	93

續表

著者	書名	册號	頁碼
毛奇齡（撰）	西河文集	二七一	1
毛念恃（撰）	四先生年譜	一六〇上	1
毛晉（撰）	毛詩草木鳥獸蟲魚疏廣要	二六	51
文天祥（撰）	文山先生文集	二三九下	767
文安禮（撰）	韓柳年譜	一四九	169
方玉潤（撰）	詩經原始	三五	381
方孝孺（撰）	遜志齋集	二五〇	1
方東樹（撰）	漢學商兑	一九六下	1357
方東樹（撰）	考槃集文録	二七五	693
尹焞（撰）	和靖尹先生文集	二二一	757
孔安國（傳）	尚書正義	一二	1
孔晁（注）	逸周書	一三七	1
孔廣森（撰）	大戴禮記補注	五五	695
孔廣森（撰）	春秋公羊經傳通義	八五	1
孔鮒（撰）	孔叢子	一八一	1

續表

著者	書名	冊號	頁碼
孔穎達等（撰）	周易正義	二	1
孔穎達等（正義）	尚書正義	一二	1
孔穎達（疏）	毛詩注疏	二二	1
孔穎達（疏）	禮記正義	四九	1
孔穎達（疏）	春秋左傳正義	七四	1

五畫

著者	書名	冊號	頁碼
石介（撰）	徂徠石先生文集	二〇五	53
石𡼖（輯）	中庸輯略	一〇四	1
丘濬（撰）	大學衍義補	一八四	1
司馬光（撰）	温公易説	三	491
司馬光（撰）	司馬氏書儀	七三	1021
司馬光（指解）	孝經注解	九六	87

續表

著者	書名	冊號	頁碼
司馬光(集注)	揚子法言	一八二上	223
司馬光(撰)	家範	一九七	113
司馬光(撰)	温國文正公文集	二一〇	1
弘曆(敕輯)	御選明臣奏議	一四八	1
皮錫瑞(撰)	今文尚書考證	二一	1
皮錫瑞(撰)	尚書古文疏證辨正	二一	467
皮錫瑞(疏證)	尚書大傳疏證	二一	673
皮錫瑞(撰)	孝經鄭注疏	九六	415
皮錫瑞(撰)	經學通論	一〇三	1
皮錫瑞(撰)	經學歷史	一〇三	485
邢昺(疏)	孝經注疏	九六	1
邢昺(撰)	論語註疏	一〇四	569
邢昺(疏)	爾雅注疏	一二四	1
全祖望等(補修)	宋元學案	一五七	1

六畫

著者	書名	册號	頁碼
吕大防（撰）	韓柳年譜	一四九	169
吕大鈞（撰）	吕氏鄉約（存目，見《藍田吕氏遺著輯校》）	一九七	229
吕大臨等（撰）	藍田吕氏遺著輯校	二二〇	1
吕本中（撰）	童蒙訓	一九七	231
吕坤（撰）	呻吟語	一九五	467
吕坤（撰）	吕新吾先生文集	二六三下	773
吕柟（撰）	涇野子内篇	一九四下	737
吕柟（撰）	涇野先生文集	二五七上	1
吕祖謙（撰）	吕氏家塾讀詩記	二五	1
吕祖謙（撰）	左氏傳説	七六	1
吕祖謙（撰）	左氏傳續説	七六	201
吕祖謙（編著）	近思録	一八六	355
吕祖謙（撰）	東萊吕太史集	二三四上	113
吕留良（撰）	四書講義	一二〇	487

續表

著者	書名	冊號	頁碼
呂維祺（撰）	孝經大全	九六	125
朱震（撰）	漢上易傳	三	615
朱熹（撰）	易學啓蒙	四	247
朱熹（集録）	周易本義	四	307
朱熹（撰）	詩集傳	二四	471
朱熹（撰）	儀禮經傳通解	五九	1
朱熹（撰）	家禮	七三	1143
朱熹（刪訂）	中庸輯略	一〇四	1
朱熹（輯撰）	論孟精義	一〇九	1
朱熹（撰）	四書章句集注	一一〇	1
朱熹（撰）	四書或問	一一〇	535
朱熹（撰）	資治通鑑綱目	一三二	1
朱熹（輯）	宋名臣言行録	一五一上	1
朱熹（撰）	伊洛淵源録	一五二	1
朱熹（撰）	太極圖説解	一八六	1
朱熹（注）	通書注	一八六	23

續表

著者	書名	冊號	頁碼
朱熹（解義）	西銘解	一八六	55
朱熹（輯）	上蔡語録	一八六	263
朱熹（編）	延平答問	一八六	307
朱熹（編著）	近思録	一八六	355
朱熹（撰）	小學集註	一九七	273
朱熹（撰）	童蒙須知	一九七	413
朱熹（撰）	晦庵先生朱文公文集	二二八	1
朱衡（撰）	道南源委	一五三	1
朱彝尊（撰）	孔子弟子考（存目，見《曝書亭集》）	一六〇上	173
朱彝尊（撰）	經義考	一七三	69
朱彝尊（撰）	曝書亭集	二七三	1
伏勝（撰）	尚書大傳輯校	二一	567
伏勝（撰）	尚書大傳疏證	二一	673
仲長統（撰）	昌言	一八二下	1189
江永（撰）	近思録集註	一八六	473
江聲（撰）	尚書集注音疏	一七	1

續表

著者	書名	册號	頁碼
江藩（撰）	周易述補	八	985
江藩（撰）	國朝漢學師承記	一六三	265
江藩（撰）	國朝宋學淵源記	一六三	445
池生春（撰）	程子年譜	一六〇上	363
阮元（總纂）	十三經注疏校勘記	九八	1
阮元（撰）	曾子注釋	一八〇	479
阮元（撰）	揅經室集	二七七上	1
阮逸（注）	中説	一八二下	1319

七畫

著者	書名	册號	頁碼
杜預（注）	春秋左傳正義	七四	1
李子願（輯）	象山先生年譜（存目，見《象山先生全集》）	一五〇	517
李心傳（撰）	道命録	一五二	163

續表

著者	書名	册號	頁碼
李幼武(輯)	宋名臣言行録	一五一上	1
李光地(撰)	御纂周易折中	九	115
李光地(撰)	榕村語録	一九六下	763
李如圭(撰)	儀禮集釋	四四	1
李材(撰)	正學堂稿	二六二	1
李林松(撰)	周易述補	八	1065
李侗(撰)	延平答問	一八六	307
李隆基(注)	孝經注疏	九六	1
李隆基(注)	孝經注解	九六	87
李清馥(撰)	閩中理學淵源考	一六二	1
李貽德(撰)	春秋左氏傳賈服注輯述	七六	473
李鼎祚(撰)	周易集解	二	261
李道平(撰)	周易集解纂疏	一一	1
李塨(撰)	恕谷後集	二七四	637
李毓秀(撰)	弟子規	一九七	467

續表

著者	書名	册號	頁碼
李綱（撰）	梁溪先生文集	二二二上	1
李調元（補正）	鄭氏古文尚書	一三	1
李翺（撰）	李文公集	二〇二下	1317
李顒（撰）	四書反身録（存目，見《二曲集》）	一二〇	485
李顒（撰）	二曲集	二七〇下	577
李覯（撰）	直講李先生文集	二〇五	311
吳光西（編）	陸稼書先生年譜定本	一五〇	869
吳廷華（撰）	儀禮章句	四六	403
吳與弼（撰）	康齋先生文集	二五一	891
吳兢（撰）	貞觀政要	一三七	743
吳澄（撰）	易纂言	五	769
吳澄（撰）	書纂言	一三	765
吳澄（撰）	吳文正集	二四六上	1
何心隱（撰）	何心隱先生爨桐集	二六一	133
何休（注）	春秋公羊傳注疏	八四	1

續表

著者	書名	册號	頁碼
何晏（撰）	論語集解	一〇四	99
何晏（撰）	唐寫本《論語集解》	二八一	493
何楷（撰）	詩經世本古義	二七	1
狄子奇（撰）	孔子編年	一四九	1
狄子奇（撰）	孟子編年	一四九	85
汪中（撰）	述學	二七六	749
汪應辰（撰）	文定集	二二四下	1025
宋咸（注）	孔叢子	一八一	1
宋翔鳳（撰）	論語説義	一〇五	497
宋翔鳳（撰）	樸學齋文録	二七八	397
宋端儀（撰）	考亭淵源録	一五二	367
宋濂（撰）	宋文憲公全集	二四八	1
邵晉涵（撰）	爾雅正義	一二四	335
邵雍（撰）	伊川擊壤集	二〇九上	1

八畫

著者	書名	冊號	頁碼
武澄（撰）	張子年譜	一四九	457
范仲淹（撰）	范仲淹集	二〇四	1
范祖禹（説）	孝經注解	九六	87
范祖禹（撰）	太史范公文集	二一九	1
范望（注）	太玄經	一八二上	1
范欽（訂）	京氏易傳	一	1
范甯（集解）	春秋穀梁傳注疏	八九	1
林之奇（撰）	尚書全解	一四	1
林則徐（撰）	雲左山房文鈔	二七八	521
來知德（撰）	周易集注	七	1
季本（撰）	説理會編	一九四下	1075
岳飛（撰）	岳少保忠武王集	二二三	1077
金履祥（撰）	尚書表注	一三	655

續表

著者	書名	冊號	頁碼
金履祥（撰）	仁山金先生文集	二四五下	739
周行己（撰）	浮沚集	二二〇	525
周汝登（撰）	聖學宗傳	一五三	195
周汝登（撰）	周海門先生文録	二六四上	1
周敦頤（撰）	通書注	一八六	23
周敦頤（撰）	元公周先生濂溪集	二〇九上	367
京房（撰）	京氏易傳	一	1

九畫

著者	書名	冊號	頁碼
郝經（撰）	郝文忠公陵川文集	二四五上	1
郝懿行（撰）	爾雅義疏	一二五	1
荀悦（撰）	申鑒	一八二下	1127

續表

著者	書名	册號	頁碼
胡一桂（撰）	周易本義附録纂註	五	137
胡一桂（撰）	周易啓蒙翼傳	五	469
胡方平（撰）	易學啓蒙通釋	五	1
胡安國（著）	春秋傳	九一	397
胡宏（撰）	胡子知言	一九〇	285
胡宏（撰）	五峰集	二二三	793
胡居仁（撰）	居業録	一九四上	235
胡居仁（撰）	敬齋集	二五二	905
胡承珙（撰）	毛詩後箋	三〇	1
胡炳文（撰）	周易本義通釋	六	1
胡炳文（撰）	雲峰胡先生文集	二四五下	1283
胡培翬（撰）	儀禮正義	四七	1
胡寅（撰）	崇正辯	一九〇	99
胡寅（撰）	斐然集	二二三	1
胡渭（撰）	易圖明辨	八	281

續表

著者	書名	冊號	頁碼
胡瑗(撰)	周易口義	三	1
胡瑗(撰)	洪範口義	一三	91
胡廣等(撰)	書傳大全	一五	115
胡廣等(編撰)	春秋集傳大全	九三	1
胡廣等(編撰)	四書集註大全	一一四	1
胡廣等(撰)	性理大全書	一九二	1
胡肇昕(補)	儀禮正義	四七	1
柳宗元(撰)	河東先生集	二〇三	503
段玉裁(撰)	説文解字注	一二八	1
段玉裁(編)	戴東原先生年譜(存目，見《戴東原集》)	一五〇	1045
皇侃(撰)	論語義疏	一〇四	189
俞樾(撰)	群經平議	一〇二	1
洪亮吉(撰)	春秋左傳詁	八〇	1
姚配中(撰)	周易姚氏學	一一	713
姚際恒(撰)	詩經通論	三五	1

續表

著者	書名	册號	頁碼
紀昀（撰）	紀文達公遺集	二七五	1

十畫

著者	書名	册號	頁碼
秦蕙田（撰）	五禮通考	六二	1
班固（撰）	白虎通德論	九六	509
班昭（撰）	女誡	一九七	1
敖繼公（撰）	儀禮集説	四五	1
馬瑞辰（撰）	毛詩傳箋通釋	三二	1
袁孝政（注）	劉子	一九八	63
袁燮（撰）	絜齋集	二三八	657
耿定向（撰）	耿天臺先生文集	二六二	543
華允誠（編撰）	高忠憲公年譜	一五〇	657
真德秀（撰）	四書集編	一一一	1

續表

著者	書名	册號	頁碼
真德秀（撰）	大學衍義	一八三	1
真德秀（撰）	西山先生真文忠公讀書記	一九一上	1
真德秀（撰）	西山先生真文忠公文集	二四一	1
莊存與（撰）	毛詩説	二九	887
莊存與（撰）	四書説	一二〇	1041
桓寬（撰）	鹽鐵論	一八一	327
桓譚（撰）	桓譚新論	一八二上	405
徐世昌（纂）	清儒學案	一六四	1
徐彦（疏）	春秋公羊傳注疏	八四	1
徐袍（撰）	宋仁山金先生年譜	一五〇	621
翁方綱（撰）	復初齋文集	二七六	1
高攀龍（撰）	東林書院會語（存目，見《高子遺書》）	一九五	775
高攀龍（撰）	高子遺書	二六五上	1
郭璞（注）	爾雅注疏	一二四	1
陸九淵（撰）	象山先生全集	二三七	1

續表

著者	書名	冊號	頁碼
陸世儀（撰）	思辨録輯要	一九六上	1
陸世儀（撰）	桴亭先生全集	二六八	581
陸淳（撰）	春秋集傳纂例	九〇	1
陸游（撰）	渭南文集	二二五	697
陸賈（撰）	新語	一八一	149
陸德明（音義）	毛詩注疏	二二	1
陸德明（撰）	經典釋文	九七	1
陸璣（撰）	毛詩草木鳥獸蟲魚疏	二六	1
陸績（注）	京氏易傳	一	1
陸贄（撰）	唐陸宣公集	二〇二上	385
陸隴其（撰）	三魚堂四書大全	一二一	1
陸隴其（撰）	松陽鈔存	一九六上	579
陸隴其（撰）	學術辨	一九六上	631
陸隴其（撰）	問學録	一九六上	645
陸隴其（撰）	三魚堂集	二七四	1

續表

著者	書名	册號	頁碼
陳立（著）	公羊義疏	八六	1
陳奐（撰）	詩毛氏傳疏	三三	1
陳建（撰）	學蔀通辨	一九五	1
陳亮（撰）	陳亮集	二三八	1
陳祥道（撰）	禮書	五八	1
陳祥道（撰）	論語全解	一〇五	1
陳埴（撰）	木鐘集	一九〇	473
陳淳（撰）	北溪先生字義附嚴陵講義	一九〇	361
陳淳（撰）	北溪先生大全文集	二四〇下	823
陳啓源（撰）	毛詩稽古編	二九	177
陳傅良（撰）	止齋先生文集	二三四下	831
陳壽祺（輯校）	尚書大傳輯校	二一	567
陳確（撰）	乾初先生遺集	二六七	1
陳澔（撰）	禮記集説	五五	1
陳選（集註）	小學集註	一九七	273

續表

著者	書名	冊號	頁碼
陳澧（撰）	東塾讀書記	二〇一	1441
陳獻章（撰）	白沙子全集	二五二	1
陳繼儒（輯）	岳少保忠武王集	二二三	1077
孫希旦（撰）	禮記集解	五六	1
孫奇逢（撰）	四書近指	一一七	1
孫奇逢（撰）	理學宗傳	一五四	55
孫奇逢（撰）	夏峰先生語録（存目，見《夏峰先生集》）	一九五	1115
孫奇逢（撰）	夏峰先生集	二六六	1
孫星衍（撰）	尚書今古文注疏	一九	1
孫星衍（輯）	孔子集語	一八〇	211
孫堂（撰）	漢魏二十一家易注	一	175
孫復（撰）	春秋尊王發微	九二	1
孫復（撰）	孫明復先生小集	二〇五	1
孫詒讓（撰）	周禮正義	三九	1
孫詒讓（撰）	籀廎述林	二七九	715

續表

著者	書名	冊號	頁碼
孫奭（疏）	孟子注疏	一〇七	1
孫鏘鳴（撰）	陳文節公年譜	一五〇	1
孫覺（撰）	春秋經解	九一	1

十一畫

著者	書名	冊號	頁碼
黄以周（撰）	禮書通故	七一	1
黄汝成（集釋）	日知録集釋	二〇〇	1
黄宗羲（撰）	易學象數論	七	543
黄宗羲（撰）	明儒學案	一五五	1
黄宗羲（原著）	宋元學案	一五七	1
黄宗羲（撰）	明夷待訪録	一八三	657
黄宗羲（撰）	南雷文定　南雷文定五集	二六八	1

續表

著者	書名	冊號	頁碼
黄省曾(注)	申鑒	一八二下	1127
黄炳垕(撰)	黄梨洲先生年譜	一五〇	693
黄淮等(編)	歷代名臣奏議	一三八	1
黄道周(撰)	榕壇問業	一九五	777
黄榦(撰)	儀禮經傳通解	五九	1
黄榦(撰)	勉齋先生黄文肅公文集	二四〇上	1
黄奭(撰)	通緯逸書考	一三一	1
梅鷟(撰)	尚書考異	一六	1
曹元弼(撰)	禮經學	七三	491
曹端(撰)	太極圖説述解(存目,見《曹月川先生遺書》)	一八六	21
曹端(撰)	曹月川先生語録	一九四上	1
曹端(撰)	曹月川先生遺書	二五一	1
崔述(撰)	洙泗考信録	一六三	1
崔述(撰)	洙泗考信餘録	一六三	127
崔述(撰)	孟子事實録	一六三	209

續表

著者	書名	冊號	頁碼
許印芳（增訂）	增訂發蒙三字經	一九七	425
許孚遠（撰）	敬和堂集	二六三上	283
許慎（撰）	説文解字	一二七	1
許衡（撰）	許文正公遺書	二四四下	1603
許謙（撰）	讀書叢説	一五	1
許謙（撰）	許白雲先生文集	二四五下	1419
康有爲（撰）	新學僞經考	一〇三	567
康有爲（撰）	論語注	一〇五	631
康有爲（撰）	康南海文鈔	二八〇	1
章炳麟（撰）	春秋左傳讀	八三	1
章學誠（撰）	文史通義	一七七	589
商輅等（撰）	續資治通鑑綱目	一三六	1
淩廷堪（撰）	禮經釋例	七三	1
張之洞（著）	勸學篇	一九七	601
張伯行（重訂）	道南源委	一五三	1

續表

著者	書名	冊號	頁碼
張伯行（撰）	伊洛淵源續録	一六一	1
張洽（撰）	春秋集注	九〇	559
張栻（撰）	癸巳論語解（存目，見《張栻全集》）	一〇五	235
張栻（撰）	癸巳孟子說（存目，見《張栻全集》）	一〇七	451
張栻（撰）	張栻全集	二三三	1
張烈（撰）	王學質疑	一九六上	525
張敬之（校正）	誠齋先生易傳	四	1
張惠言（訂正）	周易鄭注	一	53
張惠言（撰）	周易虞氏義	一〇	1
張載（撰）	易說（存目，見《張載全集》）	三	611
張載（撰）	西銘解	一八六	55
張載（撰）	張載全集	二〇九下	763
張爾岐（撰）	儀禮鄭註句讀	四六	1
張養浩（撰）	三事忠告	一七三	1
張履祥（撰）	楊園先生詩文集	二六九	1

續表

著者	書名	册號	頁碼
張穆（撰）	顧亭林先生年譜	一五〇	745

十二畫

著者	書名	册號	頁碼
葉意深（撰）	慈湖先生年譜	一五〇	519
葉適（撰）	習學記言序目	一九八	465
葉適（撰）	水心先生文集	二三九上	1
萬斯同（撰）	儒林宗派	一六〇上	175
董仲舒（撰）	春秋繁露	九五	1
董仲舒（撰）	董仲舒集	二〇二上	1
董瑒（編次）	論語學案	一〇五	237
董增齡（撰）	國語正義	一三七	137
惠棟（撰）	周易述	八	525

續表

著者	書名	冊號	頁碼
惠棟（撰）	易漢學	九	1
惠棟（撰）	古文尚書攷	一六	1115
惠棟（撰）	九經古義	九六	709
惠棟（撰）	松崖文鈔	二七四	847
揚雄（撰）	太玄經	一八二上	1
揚雄（撰）	揚子法言	一八二上	223
揚雄（撰）	揚子雲集	二〇二上	35
單恂（訂）	岳少保忠武王集	二二三	1077
程敏政（撰）	道一編	一九四上	407
程瑶田（撰）	儀禮喪服文足徵記	四五	749
程端學（撰）	春秋本義	九二	157
程頤（撰）	伊川易傳（存目，見《二程全書》）	三	613
程頤（撰）	二程全書	二一一	1
程顥（撰）	二程全書	二一一	1
傅山（撰）	霜紅龕集	二六六	599

續表

著者	書名	册號	頁碼
傅玄（撰）	傅子	一八二下	1227
焦循（撰）	雕菰樓易學	一〇	227
焦循（撰）	孟子正義	一〇八	1
舒璘（撰）	舒文靖公類稿	二三四上	1
鄒守益（撰）	東廓鄒先生文集	二五九上	1
曾國藩（撰）	曾文正公家訓	一九七	485
曾國藩（撰）	曾文正公文集	二七九	475
馮可鏞（撰）	慈湖先生年譜	一五〇	519
馮桂芬（撰）	校邠廬抗議	一八三	1031
馮從吾（撰）	元儒考略	一五四	1
馮從吾（撰）	關學編（存目，見《馮少墟集》）	一五四	53
馮從吾（撰）	馮少墟集	二六四下	721
湛若水（撰）	甘泉先生文集	二五三	411
湯斌（撰）	洛學編	一六〇上	71
游酢（撰）	游定夫先生集	二二一	1

十三畫

著者	書名	册號	頁碼
楊士奇等（編）	歷代名臣奏議	一三八	1
楊士勛（疏）	春秋穀梁傳注疏	八九	1
楊大堉（補）	儀禮正義	四七	1
楊希閔（編）	豫章先賢九家年譜	一六一	381
楊時（撰）	龜山先生語録	一九〇	1
楊時（撰）	龜山先生全集	二二一	147
楊倞（注）	荀子集解	一八〇	549
楊萬里（撰）	誠齋先生易傳	四	1
楊萬里（撰）	誠齋集	二二六	1
楊復（撰）	儀禮圖	四四	619
楊榮等（編撰）	春秋集傳大全	九三	1
楊簡（撰）	楊氏易傳	四	431
楊簡（撰）	慈湖詩傳	二五	675

續表

著者	書名	册號	頁碼
楊簡（撰）	慈湖遺書	二三七	577
賈公彦（疏）	周禮疏	三七	1
賈公彦（疏）	儀禮注疏	四二	1
賈誼（撰）	新書	一八一	189
虞集（撰）	道園學古録　道園遺稿	二四七上	1
趙在翰（撰）	七緯	一三〇	1
趙邦清（輯）	曹月川先生語録	一九四上	1
趙岐（注）	孟子注疏	一〇七	1
趙汸（撰）	春秋集傳	九二	837
趙秉文（撰）	閑閑老人滏水文集	二四四上	1
趙順孫（撰）	四書纂疏	一一二	1
趙翼（撰）	廿二史劄記	一七九	1

十四畫

著者	書名	册號	頁碼
蔡上翔(撰)	王荆公年譜考略	一四九	505
蔡沈(撰)	書集傳	一三	339
蔡邕(撰)	蔡中郎集	二〇二上	103
蔡清(撰)	易經蒙引	六	385
蔡清(撰)	四書蒙引	一一六上	1
廖平(撰)	何氏公羊解詁三十論	八五	555
鄭玉(撰)	師山先生文集	二四七下	1289
鄭玄(撰)	周易鄭注	一	53
鄭玄(注)	鄭氏古文尚書	一三	1
鄭玄(注)	尚書大傳輯校	二一	567
鄭玄(注)	尚書大傳疏證	二一	673
鄭玄(箋)	毛詩注疏	二三	1
鄭玄(注)	周禮疏	三七	1

續表

著者	書名	冊號	頁碼
鄭玄(注)	儀禮注疏	四二	1
鄭玄(注)	禮記正義	四九	1
鄭玄(撰)	唐寫本《論語鄭氏注》	二八一	347
熊賜履(撰)	學統	一六〇下	667

十五畫

著者	書名	冊號	頁碼
樓鑰(撰)	攻媿先生文集	二三五	1
歐陽脩(撰)	易童子問(存目,見《歐陽脩全集》)	三	489
歐陽脩(撰)	詩本義	二四	1
歐陽脩(撰)	歐陽脩全集	二〇六	1
歐陽德(撰)	歐陽南野先生文集	二六〇	1
黎靖德(編)	朱子語類	一八七	1

續表

著者	書名	册號	頁碼
衛湜（撰）	禮記集説	五二	1
劉文淇等（撰）	春秋左氏傳舊注疏證	八一	1
劉因（撰）	静修劉先生文集	二四五下	851
劉向（撰）	新序	一八一	463
劉向（撰）	説苑	一八一	581
劉邵（撰）	人物志	一九八	1
劉知幾（撰）	史通	一七七	1
劉宗周（撰）	論語學案	一〇五	237
劉宗周（撰）	劉蕺山先生集	二六五下	627
劉昞（注）	人物志	一九八	1
劉禹錫（撰）	劉夢得文集	二〇三	1
劉恭冕（補）	論語正義	一〇六	1
劉師培（撰）	左盦集	二七九	1051
劉逢禄（撰）	春秋公羊經何氏釋例	八五	309
劉逢禄（撰）	劉禮部集	二七八	1

續表

著者	書名	册號	頁碼
劉清之(撰)	小學集註	一九七	273
劉晝(撰)	劉子	一九八	63
劉敞(撰)	春秋權衡	九〇	275
劉敞(撰)	七經小傳	九六	639
劉敞(撰)	公是集	二一七	1
劉熙(撰)	孟子章句	一〇七	431
劉寶楠(撰)	論語正義	一〇六	1
諸星杓(撰)	程子年譜	一六〇上	363

十六畫

著者	書名	册號	頁碼
薛季宣(撰)	浪語集	二二五	1
薛瑄(撰)	讀書録	一九四上	33
薛瑄(撰)	敬軒薛先生文集	二五一	309

續表

著者	書名	冊號	頁碼
薛應旂（重輯）	考亭淵源録	一五二	367
閻若璩（撰）	尚書古文疏證	一六	399
盧辯（注）	大戴禮記	五五	543
錢大昕（撰）	十駕齋養新録	一九九	455
錢保塘（輯）	傅子	一八二下	1227

十七畫

著者	書名	冊號	頁碼
戴望（撰）	顔氏學記	一八三	751
戴震（撰）	孟子字義疏證	一〇七	453
戴震（撰）	戴東原集	二七四	895
戴德（撰）	大戴禮記	五五	543
韓康伯（撰）	周易注	一	689
韓愈（撰）	昌黎先生集	二〇二下	685

續表

著者	書名	册號	頁碼
韓嬰(撰)	韓詩外傳	三六	1081
魏了翁(撰)	尚書要義	一四	719
魏了翁(撰)	鶴山先生大全文集	二四二	1
魏源(撰)	書古微	一九	489
魏源(撰)	詩古微	二六	425
魏源(撰)	古微堂集	二七九	1
鍾文烝(撰)	春秋穀梁經傳補注	八九	375
謝良佐(撰)	上蔡語録	一八六	263
應劭（撰）	風俗通義	一九八	327

十八畫

著者	書名	册號	頁碼
聶豹(撰)	雙江聶先生文集	二五八	261
顔之推(撰)	顔氏家訓	一九七	13

續表

著者	書名	册號	頁碼
顏元(撰)	習齋記餘	二七四	403
顏鈞(撰)	顏山農先生遺集	二六一	1

十九畫

著者	書名	册號	頁碼
蘇軾(撰)	書傳	一三	141
蘇軾(撰)	蘇軾文集	二一四	1
蘇輿(撰)	春秋繁露義證	九五	185
蘇轍(撰)	詩集傳	二四	183
蘇轍(撰)	蘇轍集	二一八上	1
羅汝芳(撰)	盱壇直詮	一九五	325
羅汝芳(撰)	近溪羅子全集	二六一	269
羅洪先(撰)	念菴羅先生文集	二六〇	749

續表

著者	書名	冊號	頁碼
羅從彦(撰)	豫章羅先生文集	二二一	891
羅欽順(撰)	困知記	一九四上	509
羅欽順(撰)	整菴先生存稿	二五三	1
譚嗣同(撰)	仁學	一九八	219

二十一畫

著者	書名	冊號	頁碼
顧炎武(撰)	左傳杜解補正	七六	399
顧炎武(撰)	日知録集釋	二〇〇	1
顧炎武(撰)	亭林詩文集	二七〇上	1
顧棟高(撰)	春秋大事表	七七	1
顧棟高(撰)	司馬太師温國文正公年譜	一四九	193
顧憲成(撰)	涇皋藏稿	二六四上	367

二十三畫

其他

續表

著者	書名	册號	頁碼
佚名	郭店楚墓竹簡《緇衣》	二八二上	1
佚名	郭店楚墓竹簡《魯穆公問子思》	二八二上	61
佚名	郭店楚墓竹簡《窮達以時》	二八二上	69
佚名	郭店楚墓竹簡《唐虞之道》	二八二上	95
佚名	郭店楚墓竹簡《忠信之道》	二八二上	123
佚名	郭店楚墓竹簡《成之聞之》	二八二上	135
佚名	郭店楚墓竹簡《尊德義》	二八二上	171
佚名	郭店楚墓竹簡《六德》	二八二上	211
佚名	郭店楚墓竹簡《語叢一》	二八二上	251
佚名	郭店楚墓竹簡《語叢二》	二八二上	279
佚名	郭店楚墓竹簡《語叢三》	二八二上	295
佚名	郭店楚墓竹簡《語叢四》	二八二上	319
佚名	上海博物館藏楚竹書《緇衣》	二八二上	347
佚名	上海博物館藏楚竹書《民之父母》	二八二上	407
佚名	上海博物館藏楚竹書《子羔》	二八二上	431

續表

著者	書名	册號	頁碼
佚名	上海博物館藏楚竹書《魯邦大旱》	二八二上	463
佚名	上海博物館藏楚竹書《從政》	二八二上	479
佚名	上海博物館藏楚竹書《昔者君老》	二八二上	523
佚名	上海博物館藏楚竹書《容成氏》	二八二上	541
佚名	上海博物館藏楚竹書《中弓》	二八二上	647
佚名	上海博物館藏楚竹書《采風曲目》	二八二上	679
佚名	上海博物館藏楚竹書《逸詩·多薪》	二八二上	705
佚名	上海博物館藏楚竹書《逸詩·交交鳴烏》	二八二上	713
佚名	上海博物館藏楚竹書《内豊》	二八二上	729
佚名	上海博物館藏楚竹書《相邦之道》	二八二上	749
佚名	上海博物館藏楚竹書《季庚子問於孔子》	二八二上	767
佚名	上海博物館藏楚竹書《君子爲禮》	二八二上	809
佚名	上海博物館藏楚竹書《弟子問》	二八二上	839
佚名	上海博物館藏楚竹書《孔子見季趄子》	二八二上	873
佚名	上海博物館藏楚竹書《天子建州》	二八二上	909

續表

著者	書名	冊號	頁碼
佚名	上海博物館藏楚竹書《武王踐阼》	二八二上	939
佚名	睡虎地秦墓竹簡《爲吏之道》	二八二下	959
佚名	江陵王家臺秦簡《歸藏》	二八二下	1003
佚名	武威漢簡《儀禮》	二八二下	1039
佚名	馬王堆漢墓帛書《德聖》	二八二下	1427
佚名	馬王堆漢墓帛書《明君》	二八二下	1447
佚名	馬王堆漢墓帛書《春秋事語》	二八二下	1461
佚名	定州八角廊漢簡《儒家者言》	二八二下	1505
佚名	阜陽雙古堆漢墓竹簡《周易》	二八二下	1535
佚名	阜陽雙古堆漢墓竹簡《詩經》	二八二下	1599
佚名	阜陽雙古堆漢墓竹簡《説類雜事》	二八二下	1649
佚名	阜陽雙古堆漢墓木牘章題	二八二下	1697

鳴謝

《儒藏》精華編惠蒙善助，共襄斯文；謹列如左，用伸謝忱。

本焕法師　壹佰萬元

智海企業集團董事長　馮建新先生　壹佰萬元

NE・TIGER時裝有限公司董事長　張志峰先生　壹佰萬元

張貞書女士　壹佰萬元

方正控股有限公司、金山軟件有限公司創始人　張旋龍先生　壹佰萬元

北京大學《儒藏》編纂與研究中心

圖書在版編目(CIP)數據

儒藏.精華編.卷首/北京大學《儒藏》編纂與研究中心編.—北京：北京大學出版社，2022.12

ISBN 978-7-301-33644-1

Ⅰ.①儒… Ⅱ.①北… Ⅲ.①儒家 Ⅳ.①B222

中國版本圖書館CIP數據核字（2022）第245598號

書　　名	儒藏（精華編卷首） RUZANG（JINGHUABIAN JUANSHOU）
著作責任者	北京大學《儒藏》編纂與研究中心　編
責任編輯	馬辛民 等
標準書號	ISBN 978-7-301-33644-1
出版發行	北京大學出版社
地　　址	北京市海淀區成府路205號　100871
網　　址	http://www.pup.cn　　新浪微博：@北京大學出版社
電子郵箱	編輯部 dj@pup.cn　總編室 zpup@pup.cn
電　　話	郵購部 010-62752015　發行部 010-62750672　編輯部 010-62756449
印 刷 者	北京中科印刷有限公司
經 銷 者	新華書店
	787毫米×1092毫米　16開本　17印張　176千字
	2023年4月第1版　2024年11月第3次印刷
定　　價	100.00元

ISBN 978-7-301-33644-1
9 787301 336441 >
定價：100.00元